国家级高技能人才培训基地推荐教材

船 体 装 配 作 业

主编　柯于舫
主审　章炜樑

哈尔滨工程大学出版社

内容简介

本书是为船厂船体装配高技能人才和劳务工接受再培训编写的专业培训教材。全书共分4章,内容依次为:装配概论;装配所需的场所、设备和通用工装;典型装配工艺;装配管理。

全书的内容深度和本工种高级偏上的等级标准相对应。可同时满足公司劳务工在岗复合培训和大学生入厂培训的需要。本书也可以作为技工学校和大专院校船体装配作业的工艺学辅助教材。

图书在版编目(CIP)数据

船体装配作业/柯于舫主编. —哈尔滨:哈尔滨
工程大学出版社,2015.1
ISBN 978-7-5661-0962-0

Ⅰ.①船… Ⅱ.①柯… Ⅲ.①船体装配-技工学校-
教材 Ⅳ. U671.4

中国版本图书馆 CIP 数据核字(2015)第 016321 号

出版发行	哈尔滨工程大学出版社
社　　址	哈尔滨市南岗区东大直街 124 号
邮政编码	150001
发行电话	0451-82519328
传　　真	0451-82519699
经　　销	新华书店
印　　刷	哈尔滨市石桥印务有限公司
开　　本	787mm×1092mm　1/16
印　　张	9.75
字　　数	249 千字
版　　次	2015 年 1 月第 1 版
印　　次	2015 年 1 月第 1 次印刷
定　　价	21.00 元

http://www.hrbeupress.com
E-mail:heupress@ hrbeu.edu.cn

"国家级高技能人才培训基地"
配套教材编审委员会

主 任　秦　蓉

副主任　葛　康　孙志明

委　员　赵继权　杨　捷　朱海波　张翼飞

　　　　杨　维　邓　波　应大伟　黄梅蓉

　　　　高新春　杨文杰　吉鸿翔

序

　　高技能人才是企业人才队伍的重要组成部分,是建设海洋装备产业大军的优秀代表,是推动技术创新和科技成果转化的核心骨干,高技能人才培养工作一直是公司人才培养工作的重中之重。在我国首批启动建设"国家级高技能人才培训基地"评比中,沪东中华作为船舶行业唯一一家企业获此殊荣。在"国家级高技能人才培训基地"项目建设过程中,我们发现现有的技能人才培训教材重理论,轻实操,内容陈旧,缺少新技术、新工艺的讲解,已经不能满足企业产品升级的需求,公司迫切需要一套能够知应现代造船模式技能人才培训教材。

　　本次出版的教材是沪东中华"国家级高技能人才培训基地"的配套教材,也是公司高级技能人才培养体系中的重要组成部分。为此,公司专门成立了教材编审委员会,组织了各领域的专家,结合生产实际情况和行业发展新趋势编写成书,内容涵盖了船舶电焊,船体装配,船舶电工三个专业,今后还将逐步完善其他工种的培训教材。本套教材注重操作和工艺知识的讲解,填补了国内同类技能人才培训教材的空白,主要作为企业相关工种培训的指导用书,也可供高职高专、技工学校等职前教育选用。

　　教材编写过程中得到了公司生产、技术部门领导和专家的大力支持,谨在此表示感谢!希望沪东中华各领域的精英积极将自己知识和经验的"富矿"不断地转化为理论成果,公司也将为大家学习交流打造一个开放的平台。

　　由于时间比较仓促,教材难免有一些不完善之处,敬请各位读者不吝指正,使本套教材日臻完美。

沪东中华造船(集团)有限公司 副总经理

2014 年 3 月 11 日

目　　录

第1章 装配概论

1.1 装配工序及其意义

在船体建造时,首先将钢板和型钢等原材料加工成单个零件,所有的零件将参加某一工序的装配。首先一部分零件在部件装配平台上装配成部件(或中组件),然后将一部分零件、部件(或中组件)送到分段装配平台上装配成分段,在起重条件允许的情况下,再将一部分零件、部件(或中组件)和分段进一步组成更大的分段(即总段),最后在船台上或者船坞里按照先后顺序把其他的零件、部件(或中组件)和分(总)段装配成船体。因此船体工程大致可以分为下列五个工序:

(1)加工工序;

(2)部件装配工序(或中组件装配工序);

(3)分段装配工序(包括平面分段、曲面分段、立体分段、上层建筑分段);

(4)分段总组工序;

(5)分(总)段搭载工序(即船坞或船台合龙工序)。

由于船体是一个复杂的结构体,所有的构件不一定都要经过上述的全部工序,所以到船坞(或者船台)装配时,船体构件可能经过八种工艺路线到达,见表1-1。这样由于零件的流程各不相同,生产方式也不相同,因此装配工序也十分复杂。

表1-1 船体工艺路线的分类

分类编号	装配工艺路线
1	内场加工→部件装配→分段装配→分段总组→船台(船坞)搭载
2	内场加工→部件装配→分段装配　　　　　→船台(船坞)搭载
3	内场加工→部件装配　　　　→分段总组→船台(船坞)搭载
4	内场加工→部件装配　　　　　　　　　→船台(船坞)搭载
5	内场加工　　　　→分段装配→分段总组→船台(船坞)搭载
6	内场加工　　　　→分段装配　　　　　→船台(船坞)搭载
7	内场加工　　　　　　　　→分段总组→船台(船坞)搭载
8	内场加工　　　　　　　　　　　　　→船台(船坞)搭载

从表1-1可以看出,由于最终在船台(或船坞)组装成船体的所有零件不管经过怎样的装配工艺路线,其作业内容都是由各种加工、运输和装配作业组成,所以装配工序是船舶建造中非常重要的工序。因此理解船舶装配工序的意义,提高装配工序的技术,对提高装配效率和质量是有重要影响的,如图1-1所示。

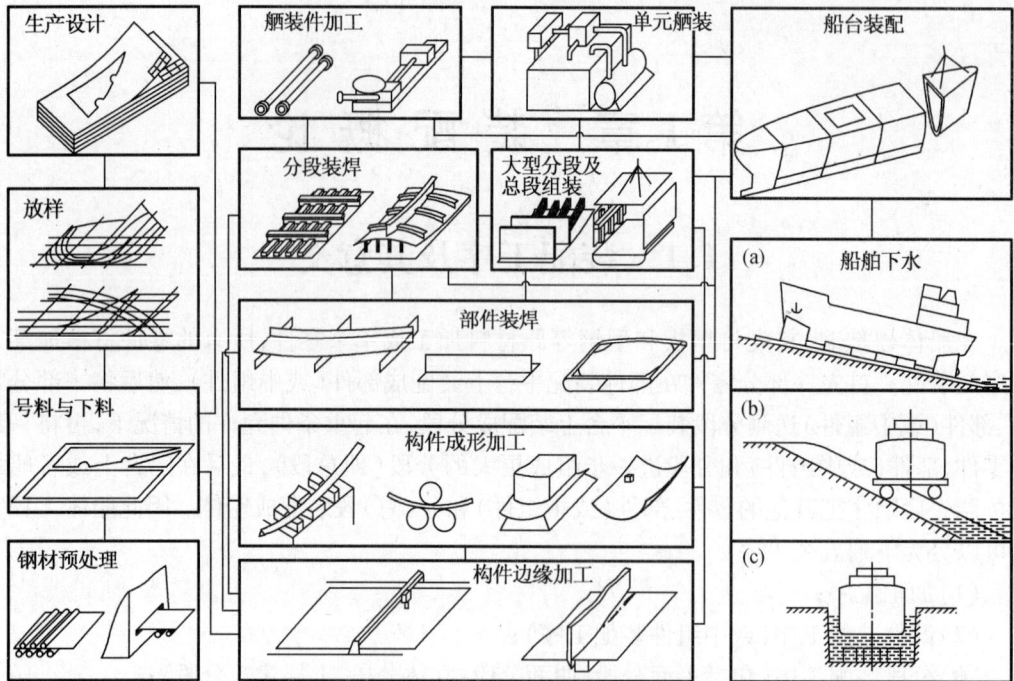

图 1-1　船舶建造主体工艺流程图

1.1.1　部件(或中组件)装配工序的意义

在分段装配前,例如纵桁板、肋板这一类构件,可以在专门的场地预先将组成纵桁板、肋板的各个零件拼接成部件,一些部件还可以与另一些零件再组装成中组件(片段装配),然后提供给分段合龙使用。这样做有以下优点:

(1)分段分解成部件(或中组件)后,分类单位进一步变小,使每一次配套的零件数量减少,易于配套、搬运、堆放、查找,有效缩短装配辅助时间。

(2)易于采用专用部件装配工装或者流水线作业,提高装配效率。

(3)由于部件(或中组件)的质量一般控制在 5~40 t,因此翻身、吊运不需要大吨位的起重机,有效节省投资成本。

(4)在分段组装前,由于预先制成部件(或中组件)后,不仅分段组装工作量减少,配套的零部件数量也大大减少,极大地提高了装配平台的使用效率,而且有利于增加俯焊工作量,进一步提高焊接效率和质量。

(5)分段分解成部件(或中组件)后,使各工序之间的工作量进一步均匀化,装配流程更加均衡、连续、稳定。

总之,设置部件(或中组件)装配工序的意义在于:可采用适合于部件(或中组件)装配的平台、起重设备、焊接设备和装配工装等,进行高效率的作业,在船体装配工序中稳定、有序地向分段或者总段提供所需的部件、总组件。

部件平台目前主要有固定式平台和输送式平台两种。采取哪种形式应根据部件特点、进度要求、车间布置和分类设计的能力而定。尤其是零件的套料方法和配套要求应根据部件装配所需进行必要的变革。

1.1.2　分段装配工序的意义

当船体进船坞(或上船台)组装前,将整个船体分成若干个分段预先进行建造,其目的是为了减少船坞(或船台)工作量,提高船坞(或船台)平台的工作效率。这种分段建造方法有以下优点。

(1)极大地缩短了船坞(或船台)使用周期。

(2)改善工作环境,可以对分段进行分类作业,易于实现机械化操作,提高工作效率。

(3)可以减少高空作业、室外作业和焊接变形以及残余应力,降低危险和提高建造质量。

(4)能实现以分段为单位的精度管理,通过细化分段精度控制要领,修正前道精度控制偏差,采取措施保证下道工序的精度控制措施,从而提高船坞(或船台)精度控制水平。

(5)使工序和作业技术更加容易量化和控制,便于管理。

(6)有利于预舾装和预涂装,进一步提高涂装和舾装的效率。

总之,设置分段工序的意义在于:采取适合于分段装配的平台、起重设备、焊接设备和装配工装等设备,进行高效率的平行作业,在装配工序中稳定、有序地向总组或者搭载提供所需的分段。

分段目前主要分为平直分段、立体分段、曲面分段、上层建筑分段四种。其中平直分段一般在平面分段流水线上制造,曲面分段和上层建筑分段在固定胎架上制造,立体分段可以先将平直部分在流水线上先行制造,然后在固定胎架上合龙。

1.1.3　分段总组装配工序的意义

近几年来,随着船坞(或船台)设施越来越先进,船坞(或船台)起重能力越来越大,在进船坞(或上船台)搭载前预先将一部分分段进一步合龙成总段,然后吊进船坞(或吊上船台)进行搭载,有以下好处:

(1)可以化高空作业为平地作业,减少脚手架的搭设,有效降低搭载的风险,同时扩大自动焊接的利用,尽量提高合龙的效率。

(2)将船坞(船台)工作提前做,进一步减少船坞(船台)工作量,提高船坞(船台)周转率。

(3)可以将合龙工作最大范围地铺开,有利于开展平行作业,使船坞工作平稳、均衡、有序进行,避免劳动力的浪费。

(4)进一步提高预舾装率和减少船坞(或)船台涂装的修补工作量。

总之,设置分段总组工序的意义在于:采取适合于分段总组装配的平台、起重设备和焊接设备等设备,使原来在船坞(或船台)上的部分合龙工作提前在总组阶段进行,进一步提高了船坞(或船台)周转率。

1.1.4　分段(总段)船坞(或船台)搭载装配工序的意义

船体工程的最后一道工序就是将所有的零件、部件(或中组件)、分段(或总段)按照一定的顺序在船坞里(或船台上)合龙在一起。船坞(船台)搭载装配方式有总段建造法、塔式建造法、岛式建造法、串联建造法等,每个船厂要根据自身的条件,如船坞(船台)设施能力、船型特点、建造工艺水平、建造周期要求等因素综合考虑,采用合适的建造方法。总段建造法能显著缩短船坞(船台)周期,有利于扩大舾装率,有利于开展平行作业,但对精度控制水平、起重能力和分段产能要求较高;岛式建造法可以扩大船坞搭载工作面,可一次投入较多劳动力,周期也可以缩短,但对搭载精度控制、分段嵌补或者总段移位提出了较高要求;串联建造法可以根据船坞单艘船搭载劳动力"S"曲线分布情况进行劳动力平衡,进一步提高船坞要素的利用效率,使生产节奏更加均衡、有序和紧凑。

1.1.5 装配工序对预舾装、分段涂装作业的意义

1. 装配工序对预舾装的意义

随着分段装配工序的出现,船体大量的零部件按照次序先汇集到分段中进行装配,然后以分段形式再次汇集到船坞(或船台)进行总组和合龙,这样使船体在船坞(船台)的工作量直线下降,合龙的周期大大地缩短。如果船坞(船台)上舾装的工作量没有减少,这样船坞(船台)的周期仍然无法缩短,或者船舶下水后的码头周期加长。唯一的办法就是将大量的舾装工作也要提前在船坞(船台)合龙前进行预装。基于这样的想法,并且船体装配的各道工序也提供了相应的舾装件的安装条件,由此产生了单元舾装,或在分段、总段上,甚至部件(或中组件)上安装舾装件的作业方法,于是我们将这些作业方法称为预舾装。预舾装的好处有以下几点。

(1)可以合理选择舾装阶段,大大改善舾装作业环境,提高作业效率和作业质量。

(2)可以减少船坞(船台)工作量,减少船坞(船台)起重设备作业次数,有效提高核心生产要素的利用率。

(3)部分预舾装工作可以由装配工承担,以便工种复合,进一步合理利用劳动力,减少工时。

(4)进一步提高分段的完整性,为分段涂装和船坞(船台)油漆修补打下坚实的基础。

随着预舾装技术的成熟,舾装件托盘管理得到了前所未有的完善,预舾装作业得到了前所未有的重视,甚至有的船厂专门设置了预舾装厂房或成立承接单元组装的专业公司,使预舾装技术提升到了一个新的高度。因此装配技术的变革为预舾装创造了条件,预舾装的出现进一步促进了造船效率的提高。

2. 装配工序对涂装作业的意义

同样,随着分段装配工序的出现,分段预舾装完整性的提高,涂装作业也从船坞(船台)作业提前到分段进行,最终能做到在船坞内(船台上)仅对分段大接头和涂装破损的地方进行修补。分段涂装的好处有以下几点。

(1)大部分涂装可以在厂房内进行,可以使用机械作业,提高了作业效率。

(2)大部分涂装可以在厂房内进行,减少了涂装对环境的影响。

(3)大部分涂装在地面进行,化高空作业为平地作业,减少脚手架搭设,同时化密闭舱室为敞开空间,有效降低了涂装的危险性。

(4)便于对油漆膜厚进行管理,提高涂装质量。

(5)进一步提高分段的完整性,为减少船坞(船台)工作量,提高船坞(船台)周转率打下坚实的基础。

因此分段涂装是分段工序出现后发展的,同样分段涂装也进一步提升了分段的内涵,有效地促进了造船效率的提升。

1.2　装配方法概述

船体装配方法已经从船台整体建造法,即在船台上先铺装龙骨板和肋骨,然后再逐张铆接外板的铆接建造方法(图 1 - 2),发展到现在利用焊接的分段(总段)建造方法,并且将零件加工从装配作业中独立出来,设立专门的平台开始专业化生产分段(图 1 - 3)。装配精度从重点放在装配上转入全面控制,尤其是加工精度得到了前所未有的重视。在引进统计质量管理方法后,大大地促进了装配程序的标准化(固定化、单一化),使装配精度也得到了提高。随着生产规模的扩大,现代管理技术和机械流水线技术的应用,装配技术再次得到了飞跃发展,造船开始有了定位流水线作业系统,尤其是单面焊技术的发明,使装配效率得到了前所未有的提高。

图 1 - 2　铺龙骨板,树肋骨框,散贴外板示意图

图 1 - 3　分段制造,巨型总段示意图

1960 年船舶建造第一次高潮出现时,为了大幅度缩短建造周期,分段预舾装、船台多岛式装配方法得到了全面发展和普及。在焊接技术方面,垂直自动焊也得到了深入研究和广泛应用。

以后为适应船型大型化,产生了以船坞建造为主体的新构思规划,采用所谓作业单位的统一、类似作业的密集、零部件流水线系列化等批量生产方法,加速了造船行业向装置工业化发展,即在考虑作业安全的同时制定合理的建造方法。如将分段分成平面分段、曲面分段、立体分段、上层建筑分段,分别组建流水线,将露天作业室内化,装配逐步实现自动化、机械化,不仅改善了作业环境,还提高了生产效率。随着船舶朝大型化和超大型化方向发展,超大船坞和大型龙门吊等装配设备也开始出现(图 1 - 4)。

图 1 - 4　船舶生产工业化布置,超大船坞和大型龙门吊示意图

在 20 世纪 80 年代初期,数控技术和计算机技术给船舶建造技术带来了较大的革命,数控切割、数控成形、自动焊接、三位精度测量、机械化和生产流水线、高效喷涂等工艺技术得到了极大地发展,使造船技术得到质的飞跃,如图 1-5 所示。

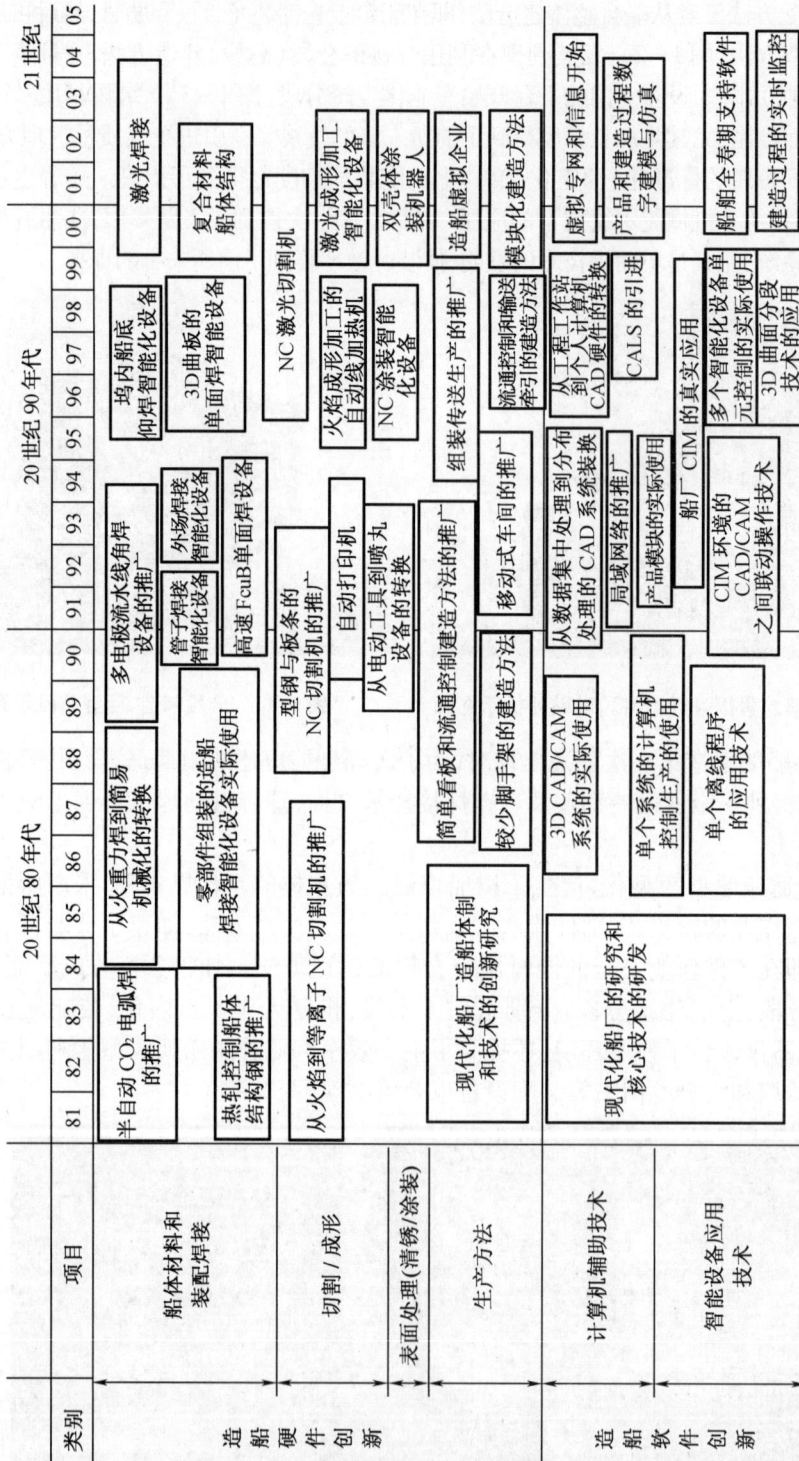

图 1-5　数字技术带来的造船革命

在 20 世纪 90 年代,CIMS 的出现,精良生产、敏捷制造和并行工程等先进制造技术理念,以及激光、FMS、仿真、虚拟、机器人等高新技术的应用(图 1 - 6),使得造船技术不断发展,并进一步向总装造船、自动化生产、柔性化生产等方向发展。

焊接机械手示意图　　　　　　　　　　涂装机器人示意图

图 1 - 6　机器人带来的造船改变

进入 21 世纪,随着"3D 打印技术""摩擦搅拌焊技术""快速搭载系统完善""巨型总段移位技术""虚拟制造的开发"等新技术的广泛应用,船舶制造中的装配方法发生了巨大的变化,如图 1 - 7 所示。

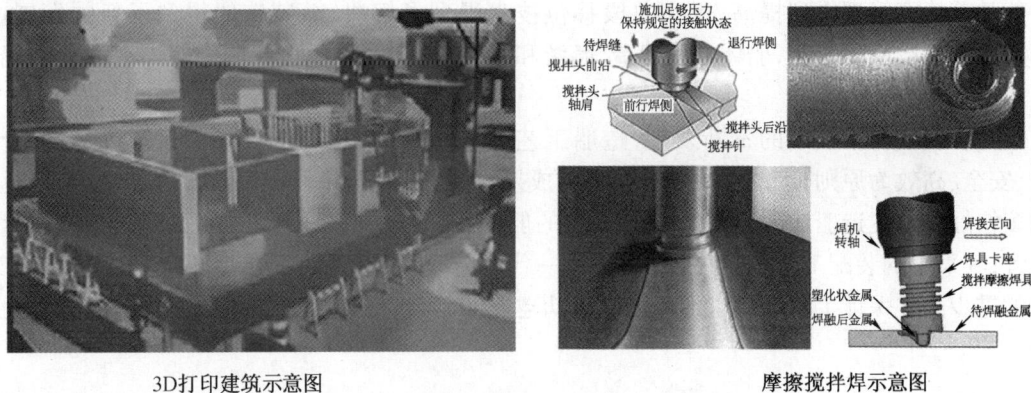

3D 打印建筑示意图　　　　　　　　　　摩擦搅拌焊示意图

图 1 - 7　"3D 打印""摩擦搅拌焊技术"也将对船舶制造带来巨大改变

1.3　装配方法发展的方向

随着科技的进步,船舶建造工艺也有了较大的发展,船舶装配朝机械化、自动化方向发展迅速,尤其是自 20 世纪 60 年代船体数学放样研制成功以来,计算机、信息处理技术和数控技术被广泛使用在造船生产上,船舶装配工艺出现以下发展趋势。

1.3.1　船体手工加工完全可以被数控加工取代

船体加工出现了数字套料、数控切割、三星辊弯、数控肋骨冷弯、数控水火弯板等技术,使船体手工加工基本上可以由数控加工取代,使船体加工生产效率得到了极大地提高。

1.3.2　建立了部件装配、平面分段和曲面分段自动化装焊流水线

随着大批量生产的到来,从部件装配开始,平面分段制造、曲面分段制造均出现了流水线作业,大量使用机械手和自动焊接技术,也使生产效率得到了较大的提高。曲面分段流水线目前应用不多,但全位置焊接门架得到了研究和应用,相信不久的将来,曲面分段流水线也会得到推广应用。

1.3.3　装配精度得到了全面重视

装配精度直接决定装配质量和装配效率。随着激光测量仪的发展,装配变形与控制技术的研究与突破,装配精度达到了前所未有的发展,无余量造船开始在全世界推广,也为分段预舾装的完整性提高和总装造船提供了必要的条件。

1.3.4　数字虚拟装配技术的研究和应用

随着计算机技术的发展,虚拟设计、虚拟装配和仿真技术等越来越得到重视。通过建立产品数字化装配模型,虚拟装配技术在计算机上创建虚拟环境,可以预先对产品装配过程进行模拟与分析,从而找出装配的缺陷或优化装配流程,降低生产成本。

1.3.5　总装造船模式得到了普遍采用

随着精度管理得到提高、巨型总段移位技术得到了解决,总装造船得到了新的发展。形成以中间产品为导向,船体分段建造,舾装和涂装按区域/阶段作业的壳舾涂一体化造船模式。

随着现代科学技术的不断发展,造船工艺已成为一门系统性的学科,强调以经济、合理、安全、高效为原则,广泛应用先进技术与成果,并与科学管理和信息技术深度融合,以达到多快好省地建造船舶的目的。不同类型的船舶,其装配工艺也不相同;不同的生产要素配置,其采用的装配工艺也不相同;往往是一代工艺、一代产品可能催生不同的工艺,而工艺的进步同样保证了不同要求的船舶被成功建造。

第2章 装配所需的场所、设备和通用工装

2.1 装配车间布置与相关设备

按照现代船体建造的工序目前可以将船体建造分成五个工序:加工工序、部件(或中组件)装配工序、分段制造工序、分段总组工序、船台(船坞)搭载工序。其中分段总组工序和船台(船坞)搭载工序布置在船台(或船坞)区域,加工、部件装配和分段装配随着分工的细化,各种自动化设备和专用工装的配置以及分道建造技术的应用,越来越成为一个个独立的车间。经过加工工序的零件,应根据表1-1的工艺流程先进行选择和整理,然后分别送到后续的某一道装配工序进行装配作业,即分别送往部件(中组件)车间、分段车间、总组场地或船坞(船台)如图2-1所示。

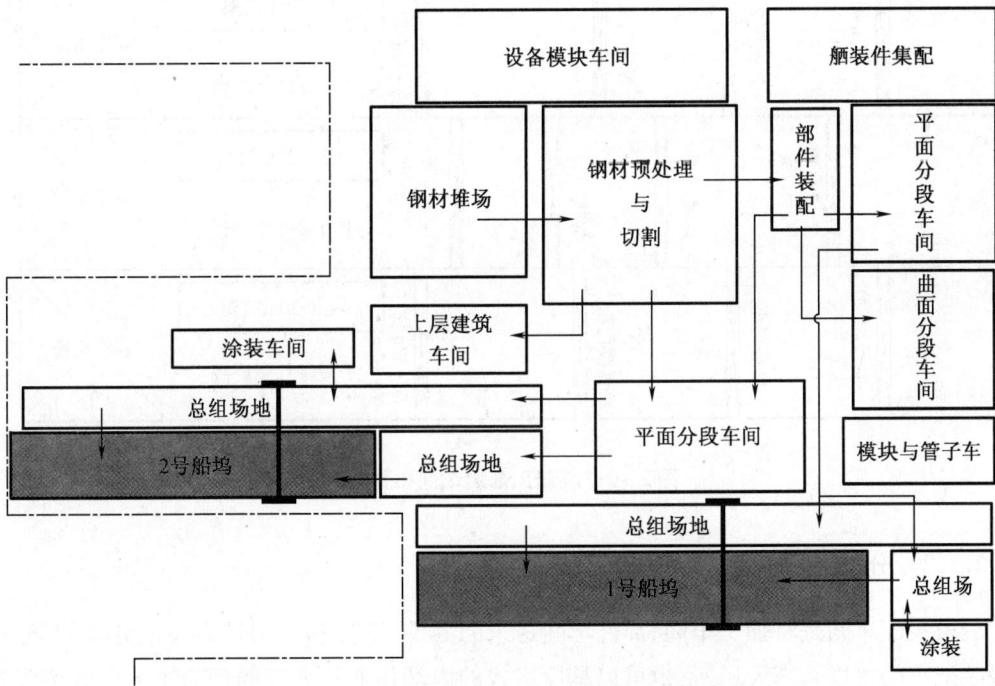

图 2-1 某船厂各车间的布置与装配流程图

2.1.1 部件装配车间

在部件装配车间内,为了实现装配的专业化和单一化,必须在装配场地前设置零件整理场地,先按流水线(或生产线)的要求将相同的或同类型的零件整理在一起,然后在固定的装配平台上采取有节奏的强制性的流水线定位作业,以便提高生产效率。

一般来说,部件车间和加工车间的位置关系是串联布置的。在新型的大船厂,随着加工的分类越来越细,部件平台一般也分为二类,一类是如肋板、纵桁平直部件,这类部件可以组织流水线进行生产,流水线主要由配材、装配(定位焊)、焊接、火工矫正、整理等工位组成,平台有滚轮、托盘等形式;另一类是带有"T"字结构线型肋板,这类部件直接铺在固定平台上进行装配电焊,从配材到电焊结束,不需要移位,但可能需要翻身,平台可能是钢板平台,也可能是蜂巢平台,如图2-2所示。

部件装配车间除了各种平台外,还需设置小型起重设备、焊接设备、火焰切割矫正设备、打磨设备等,各种装配用工具和工装以及能源设施(电源、可燃气体、水、压缩空气等)。

部件装配完成后,如需与其他部件、零件再装配成中组件时,可在部件车间内完成该工序的装配工作,但较大或者特殊的中组件(平直片段)也可在分段装配工序完成。

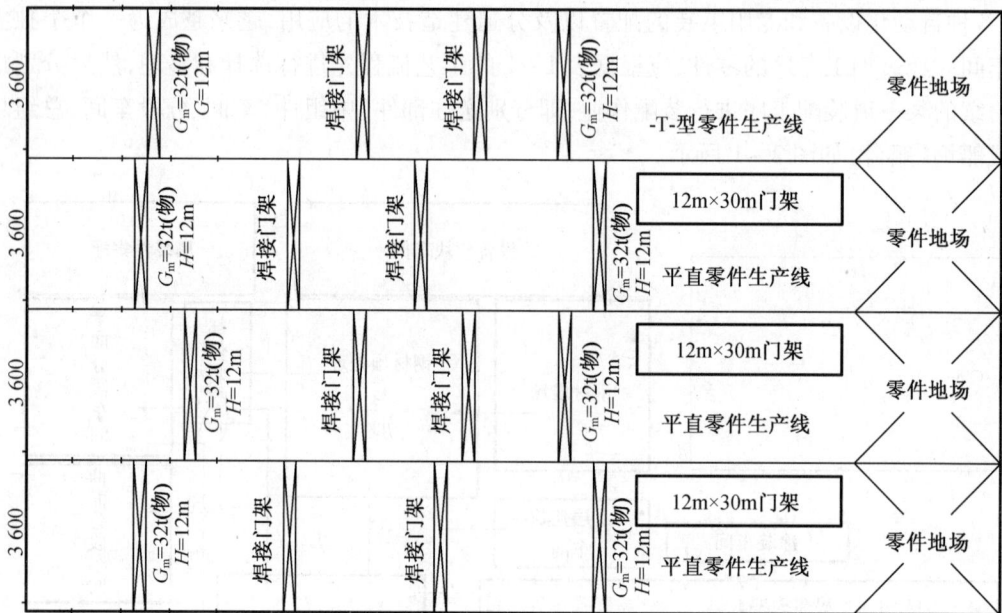

图2-2 某船厂部装车间布置图

2.1.2 分段装配车间

分段装配车间是将加工车间、部件车间送来的零件、部件和中组件组装成分段的场所,分段装配车间可以是露天场所,也可以是厂房式的内场作业。大型船厂为了提高效率和均衡地向船台(船坞)提供分段,一般分别设置平面分段生产车间和曲面分段生产车间。平面分段生产车间内均设有专门的平面分段流水线,该流水线一般由材料堆放工位、拼板工位、拼板焊接工位、画线工位、纵骨安装工位、纵骨焊接工位、肋板安装工位、构架焊接工位、顶升运出工位、上下片段合龙工位等组成。平面分段流水线上除制造完整的分段外,也进行片状分段(中组件)的制造。为了平面分段流水线高效生产,需有制作好的零部件及时运送到各个工位,因此平面分段车间最好与加工车间、部件车间串联布置,形成上、下道工序之间快速流动(图2-3);曲面车间大多数采取固定胎位进行分段建造,同样为了提高胎架的周转率,还设置专门的拼板工位进行拼板作业,以便采取自动焊来提高拼板效率和拼板质量。

在考虑分段装配车间布置时,除了上述工位外,还需特别考虑材料的运输效率、零部件和分段堆场的面积。只有上述三者配合,才能提高分段装配的效率。

除平面分段流水线需要按照具体的工位设置专门设备外,其他分段装配车间一般配置大小起重设备、焊接设备、火焰切割矫正设备、能源设施、装配用工具和工装以及各种平台和各式胎架等。

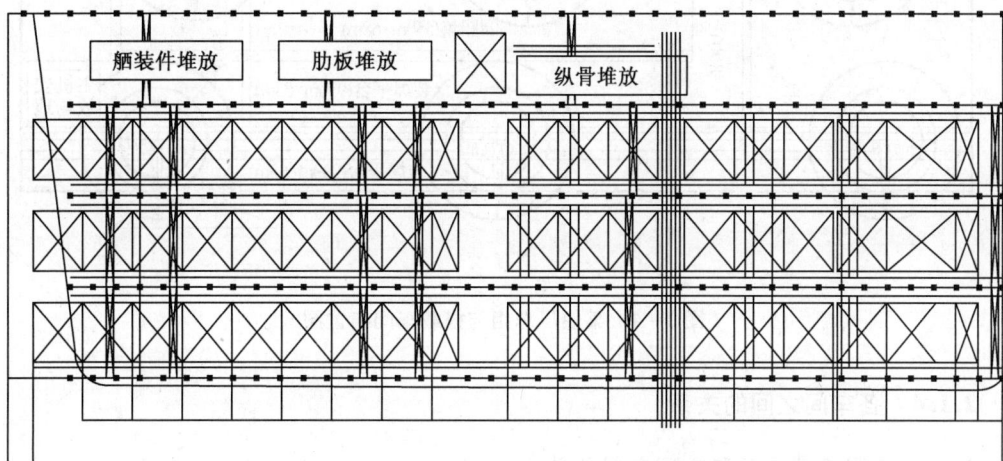

图 2 - 3　某船厂平面分段车间布置图

2.1.3　分段总组场地和搭载车间

由于质量较大,总段一般需借助船台(或船坞)的吊车进行吊运,所以分段总组场地通常布置在船坞旁边和前端。也可在分段车间附近设置专门的总组场地进行分段总组,然后用较大的平板车运输到船台(或船坞)进行吊装,但在该处必须考虑到总段上平板车的方法。总之分段总组场地的设置既要考虑好分段能够运入,又要考虑好总段能够运出,还要考虑舾装件能够进行安装。

为了方便船舶下水,搭载车间通常选择在有一定吃水的地方,可以根据总段的大小、搭载方式、下水设施来选择适当的吊车,有龙门吊、塔吊和浮吊等。为了提高搭载场地的使用效率,建议提高分(总)段的预舾装率。

分段总组场地和搭载车间一般配置与分段装配车间相同,如大小起重设备、焊接设备、火焰切割矫正设备、能源设施、装配用工具和工装等,如图 2 - 4 所示。

各车间除上述必备设备外,还可以根据车间实际情况配置照明、通风、消防、急救等专用设备、以及饮用水、厕所等其他辅助设备。

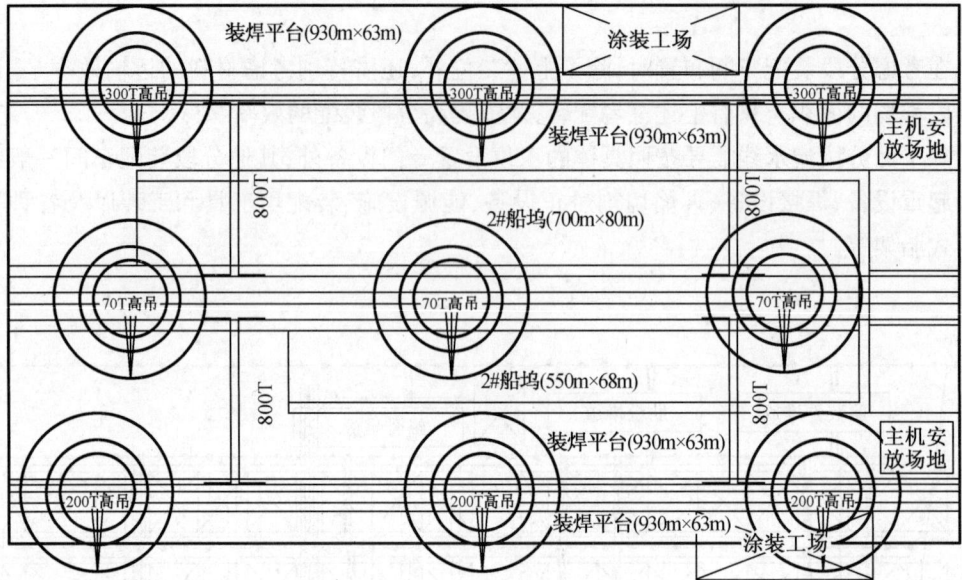

图 2-4　某船厂总组与搭载车间布置图

2.1.4　各车间之间的关系

1. 加工车间与部件装配车间之间的关系

一般部件车间与加工车间串联布置。在部件装配车间中,根据部件的形状和特点,选择合适的面积在固定的装配场地连续地进行装配作业。由于加工零件种类繁多,形状多种多样,在部件装配之前,必须先将部件所需的零件配齐,因此在加工车间与部件装配车间要考虑分类和搬运工作,甚至为了不影响加工效率,需要设置零件堆场进行周转。

2. 部件装配车间与分段装配车间之间的关系

分段装配车间的目的是高效地装配由加工车间和部装车间提供的各种零部件。一方面,只有从加工车间、部件车间有条不紊地提供零部件,分段车间才能确立连续大量的生产方式,才能保持高效率的生产。当分段装配车间与加工车间、部件车间串联布置时,那么它们之间的效率可以匹配到最佳。如果分段车间的分段吊运需要借助船台车间的起重机,分段装配车间必须设置在船台(或船坞)旁边,那么必须设置良好的搬运工序将加工车间、部件车间生产的零部件迅速、有条不紊地搬运到分段车间进行分段装配。当分段装配好之后及时地将分段快速离开胎架,否则将影响船台车间或者分段车间的周转率。

3. 船台装配车间与分段装配车间之间的关系

通常分段车间装配好的分段,先用起重机、平板车等运到分段堆场堆放,然后运到涂装厂房进行涂装,最后运送到船台(或船坞)进行总组与搭载。当分段装配车间设置在船台(船坞)起重范围内,分段的吊运与船台(船坞)分段、总段的搭载共同使用起重资源,这样需要合理安排起重作业计划;当分段装配车间不与船台(船坞)共用起重机时,为了方便分段能顺利运到船台(船坞)搭载,必须随时整理道路周围的场地,保持运输道路畅通。

2.1.5　各装配车间的大小

每个装配平台虽然越大越好,但船厂是企业单位,它为了达到最小的投入和最大的产出,必须尽可能地提高各车间的利用率。同时基本建设还往往受到投资的限制,因此在决定装配车间大小时,应根据企业的总体规划考虑以下几点:

(1)每个月的生产物量;

(2)装配对象的大小、周期和质量大小;

(3)装配工艺路线　为了提高装配车间的生产效率,通常按照产品的特点和装配种类进行专业化分工,在固定的平台上进行重复作业;

(4)运输路线;

(5)辅助生产面积;

(6)平台的型式和设备布置。

2.2　装配平台、胎架或其他装置

2.2.1　装配平台

无论是部件装配车间,还是分段装配车间,均布置了装配平台、起重设备、电焊设备、切割设备和其他辅助设备,其中最重要的设备是装配平台,装配平台的能力(面积、布置)决定了车间的产量,装配平台的结构直接影响了装配精度。随着产量越来越大,专业化分工越来越细,装配平台也从通用平台走向专用化平台。每个船厂应根据自己的实际情况配备自己特色的装配平台,并采取适当的形式布置它。

部件、分段、总组装配平台按照其结构特点大致可以分为以下几类:

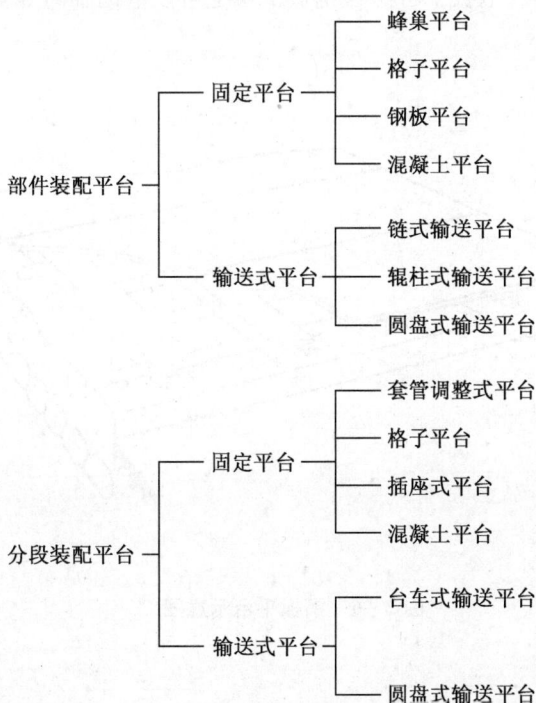

```
                                      ┌── 蜂巢平台
                          ┌── 固定平台 ──┤── 格子平台
                          │              ├── 钢板平台
                          │              └── 混凝土平台
        部件装配平台 ──────┤
                          │              ┌── 链式输送平台
                          └── 输送式平台 ─┤── 辊柱式输送平台
                                         └── 圆盘式输送平台

                                      ┌── 套管调整式平台
                          ┌── 固定平台 ──┤── 格子平台
                          │              ├── 插座式平台
                          │              └── 混凝土平台
        分段装配平台 ──────┤
                          │              ┌── 台车式输送平台
                          └── 输送式平台 ─┤
                                         └── 圆盘式输送平台
```

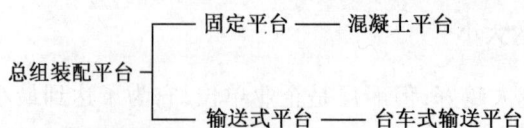

```
                    ┌── 固定平台 ──── 混凝土平台
     总组装配平台 ──┤
                    └── 输送式平台 ──── 台车式输送平台
```

1. 蜂巢平台

蜂巢平台是在平台表面上有许多蜂巢状圆形孔的平台,当部件装配时在圆孔中插入羊角,以便固定部件,控制部件装配精度,如图2-5所示。

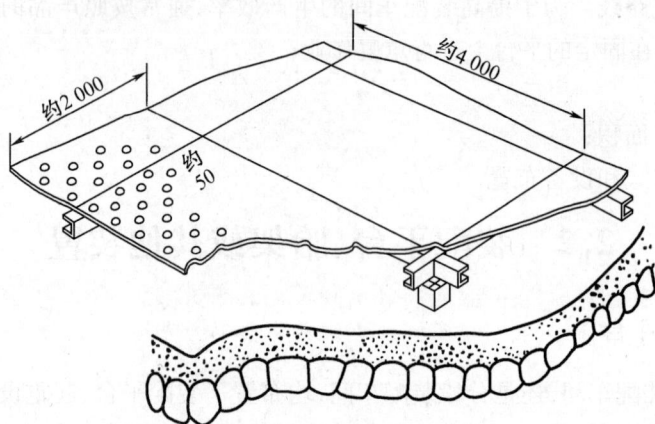

图2-5　蜂巢平台示意图

2. 钢板平台

钢板平台是在混凝土基础上放置角钢、槽钢等有相当强度的构件,再在其上面敷设厚度12~14 mm的钢板,形成钢板平台。在钢板平台上可以借助临时点焊上马板对任意部件进行拘束,如图2-6所示。

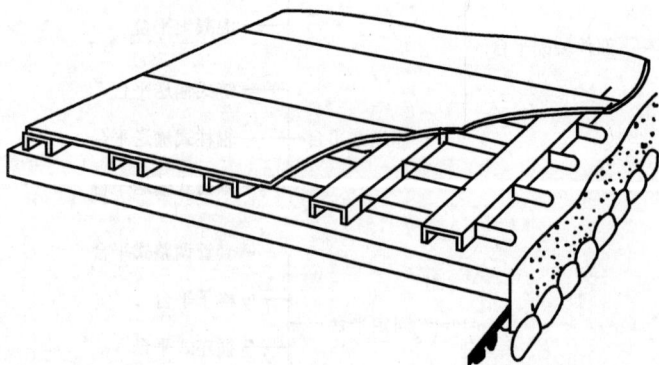

图2-6　钢板平台示意图

3．格子平台

格子平台是使用扁钢、角钢、槽钢等装配成格子状的平台，其主要用于各种拼板，如图2-7所示。

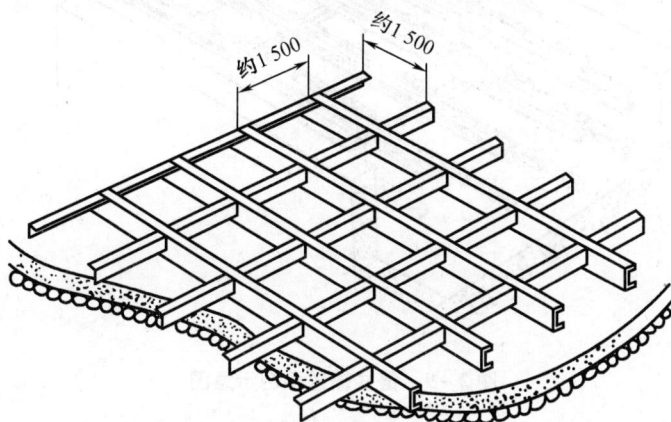

图2-7　格子平台板

4．混凝土平台

混凝土平台是用道渣将地基加固后，再敷设钢筋，然后将工字钢、槽钢以500~1 000 mm的间距平行排列，并固定在钢筋上，再浇注混凝土形成水平平台。该型平台使用最广泛，如图2-8所示。

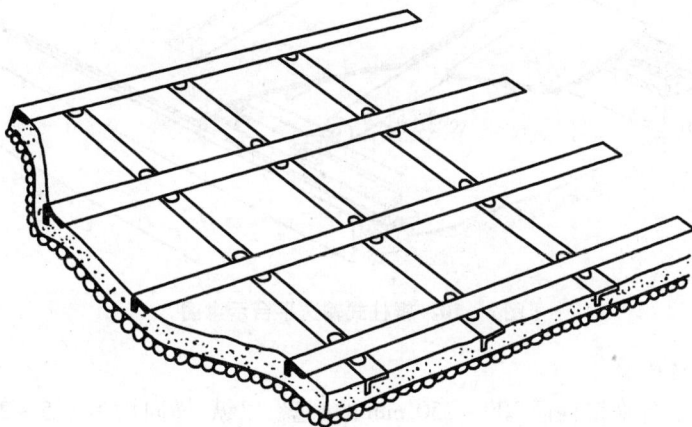

图2-8　混凝土平台示意图

5．链式输送平台

链式输送平台是在槽形混凝土基础中，安装上由角铁、槽钢制成的有足够强度的构件，再在构件上安装链条导向用的轨道，并在轨道上安装链条。这种输送方式由于设备成本高，且容易破坏钢板底漆，一般较少采用，如图2-9所示。

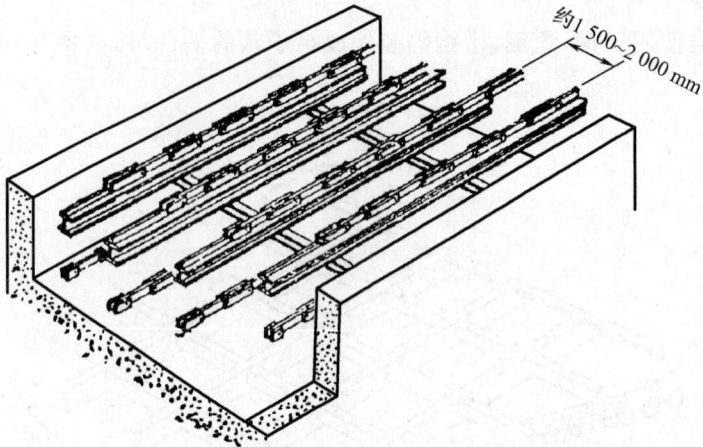

图 2 - 9　链式输送平台示意图

6. 辊柱式输送平台

辊柱式输送平台是用钢管制成的辊柱,以一定的间距平行排列安装在钢板平台上。有的还装有升降油缸,使辊柱能上升和下降,如图 2 - 10 所示。

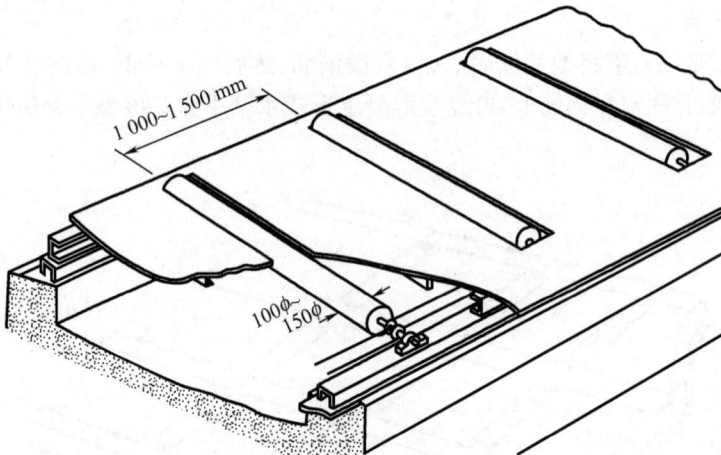

图 2 - 10　辊柱式输送平台示意图

7. 圆盘式输送平台

圆盘式输送平台是将直径 200 ~ 250 mm 的圆盘,以纵、横向均为 1.5 ~ 2.0 m 的间距安装在钢板平台或混凝土平台上,如图 2 - 11 所示。

8. 插座式平台

插座式平台是在混凝土平台上埋设角钢、槽钢,在其上面再安装盒状插座,在插座上垂直插入一定高度的角钢,形成胎架。主要用于曲面分段制造的平台,如图 2 - 12 所示。

9. 套管调整式平台

套管调整式平台是在混凝土平台上埋设角钢、槽钢,在其上面再安装套管式胎架。这种套管式胎架可以调整高度,虽然一次性投入成本比较大,但经营成本较低,所以目前被广泛推广使用,如图 2 - 13 所示。

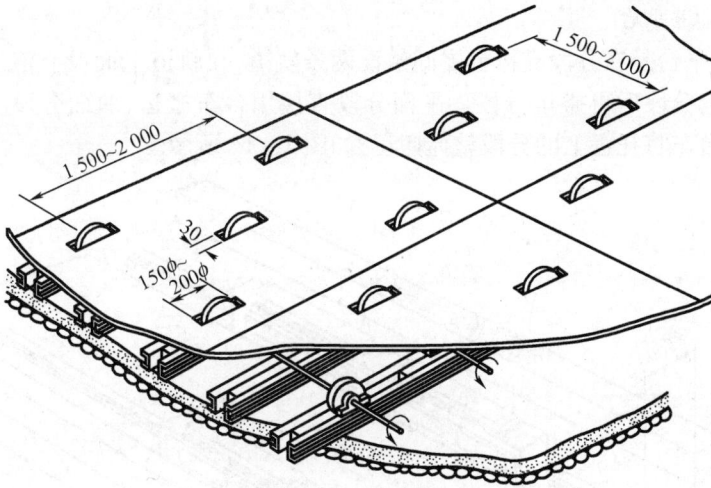

图 2-11　圆盘式输送平台示意图

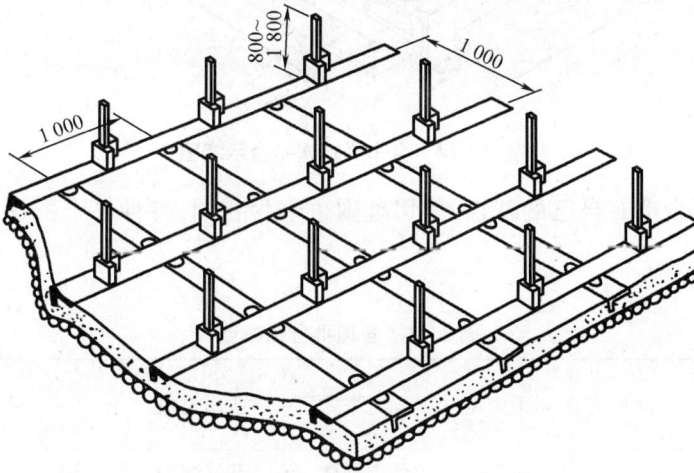

图 2-12　插座式平台示意图

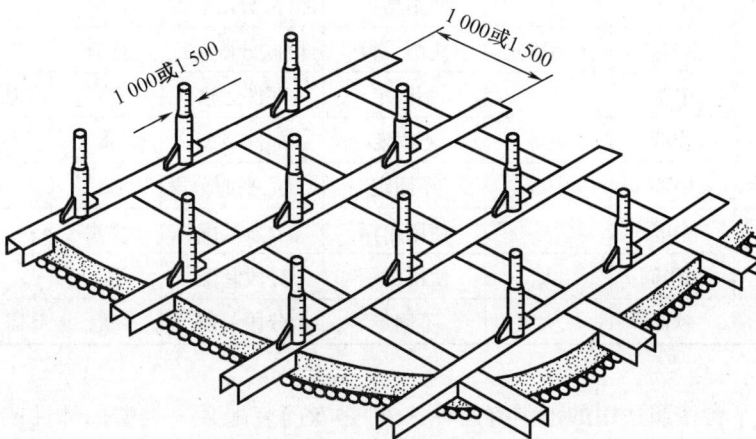

图 2-13　套管调整式平台示意图

10.台车式输送平台

台车式输送平台是在分段支撑台之间敷设两条轨道,在轨道上面设有液压顶升机构的台车,用液缸顶起分段后再搬运分段。平面分段直接用台车搬运,曲面分段可以先布置托盘上,然后利用台车将托盘上的分段整体搬运,如图 2-14 所示。

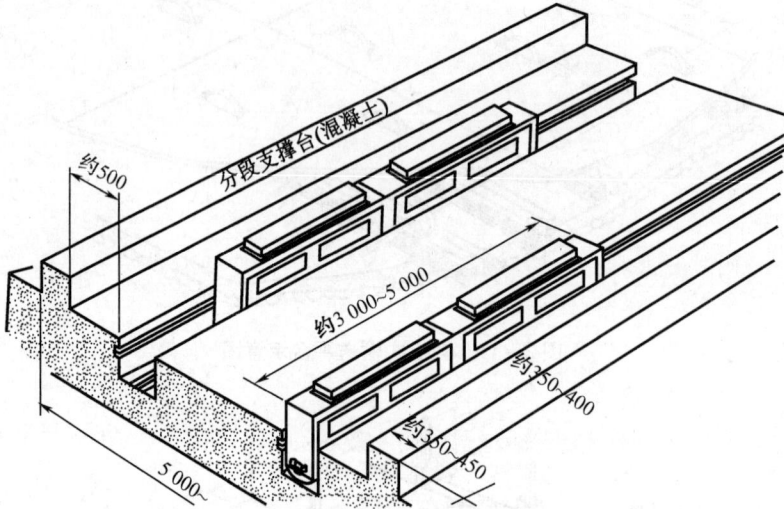

图 2-14 台车式输送平台示意图

上述每种平台都有自己的特性,使用范围也不尽相同,各种平台的优缺点见表 2-1 所示。

表 2-1 各种平台优缺点

项目 平台种类	平面精度	承重强度	固定方式	适用对象	制造费用	使用年限
蜂巢平台	相当高	中等	使用圆棒	部件装配	便宜	很长
钢板平台	相当高	中等	使用马板	部件装配	便宜	很长
格子平台	中等	大	使用马板	部件、分段装配	便宜	很长
混凝土平台	相当高	灵活确定	使用马板	部件、分段装配	便宜	很长
链式输送平台	中等	小	不固定	部件运输	贵	需要定期检修
辊柱式输送平台	较低	中等	不固定	部件装配	贵	需要定期检修
圆盘式输送平台	中等	中等	不固定	部件、平面分段	贵	较长
插座式平台	中等	大	使用角钢	分段装配	稍贵	很长
套管调整式平台	相当高	大	使用角钢	分段装配	贵	很长
台车式输送平台	较低	大	不固定	分段装配	贵	需要定期检修

另外装配平台按照适用的范围有两种:一种是专门装配某一类型的部件或分段的专用平台;另一种是可以装配各种分段的通用平台。

（1）专用平台的特点

①能连续使用专用工装，节省准备时间。

②能使装配流程固定、设备固定、人员固定，因此装配人员操作熟练、效率较高。

③容易实现流水线作业。

④容易实现内场作业。

⑤与通用平台相比，周转效率高。

（2）通用平台的特点

①与专用平台相比，需要的分段和部件堆场小。

②与专用平台相比，需要的平台总面积大。

③实现流水线作业较困难。

④工人交替作业不同的分段，需要较高技能的工人。

⑤与专用平台相比，分段制造周转效率低。

2.2.2　装配胎架

1. 胎架的种类

装配胎架不仅起支撑分段的作用，而且能防止焊接变形、改善装配焊接位置和提高装配效率等。装配胎架通常有以下几种形式。

（1）固定式胎架

固定式胎架就是将角钢直接安装在混凝土平台上，并依据胎架型值将角钢切割成规定的长度。为了施工方便，角钢长度一般不低于 800 mm，支撑点端部可切割成尖形或按照外板的曲面形状进行切割。制造曲面形状不同的分段前，要对原胎架的高度、端部形状重新切割，甚至更换新的角钢。由于角钢的消耗量比较大，制造工时和成本比较高，所以这种胎架正在逐步被淘汰，如图 2 - 15 所示。

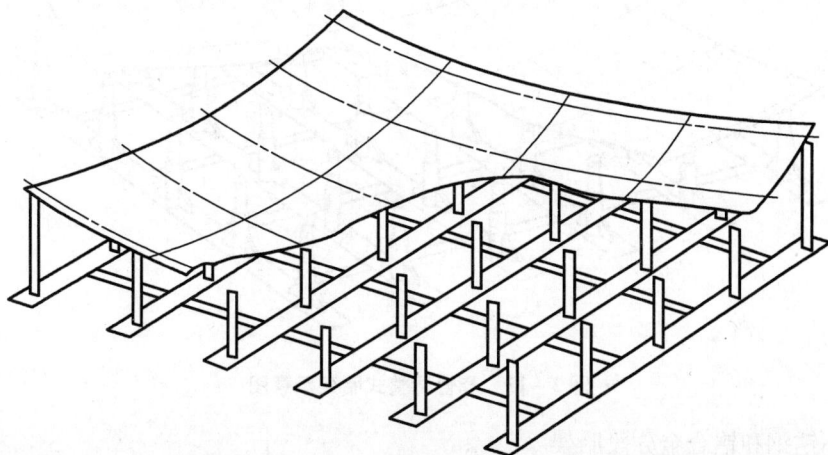

图 2 - 15　固定式胎架示意图

（2）插座式胎架

为了减少固定式胎架角钢安装时间，先在混凝土平台上安装插座，然后将角钢插入插座内，形成插座式胎架。这种胎架的特点与固定式胎架相同，同样需要重新修补角钢高度和端部形状,胎架的制作成本也较高,如图 2-16 所示。

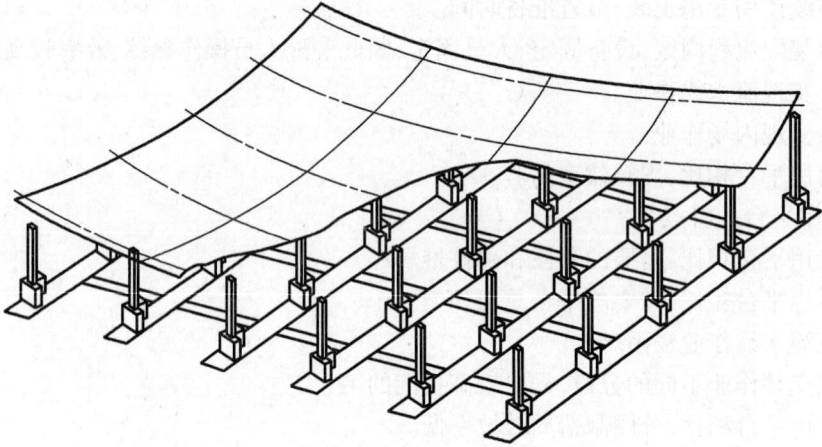

图 2-16 插座式胎架示意图

(3)套管调整式胎架

套管调整式胎架是将能调节高度的支撑套管安装在混凝土平台上形成胎架,这样在每次分段制造时只需按照型值调节套管的高度即可,不需重新制造或安装套管,可重复使用。这样节约了大量制作胎架的材料,减少了胎架的制造工时,极大地提高了胎架安装效率。这种胎架的缺点是初始投资成本高,但随着时间的推移,它的经济效益会逐步显现,如图 2-17所示。

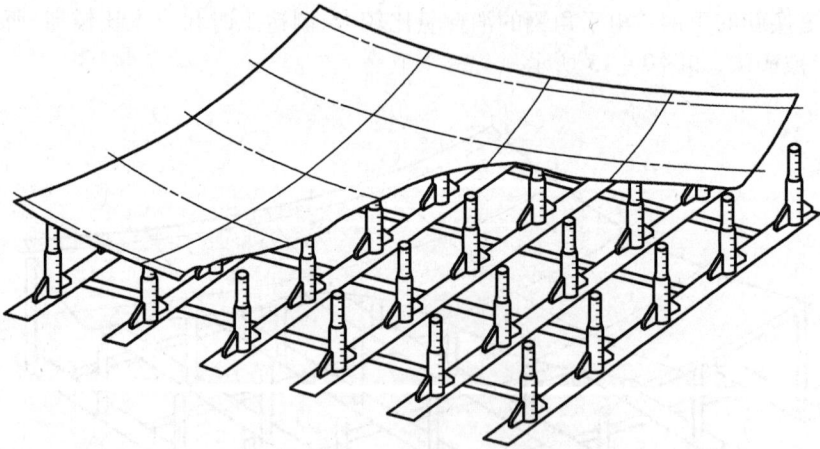

图 2-17 套管调整式胎架示意图

(4)不锈钢和铝合金分段胎架

由于不锈钢和铝合金等特殊金属不能与普通钢材直接接触,所以不锈钢和铝合金分段胎架应在普通胎架上装焊不锈钢和铝合金支撑点。如图 2-18 所示。

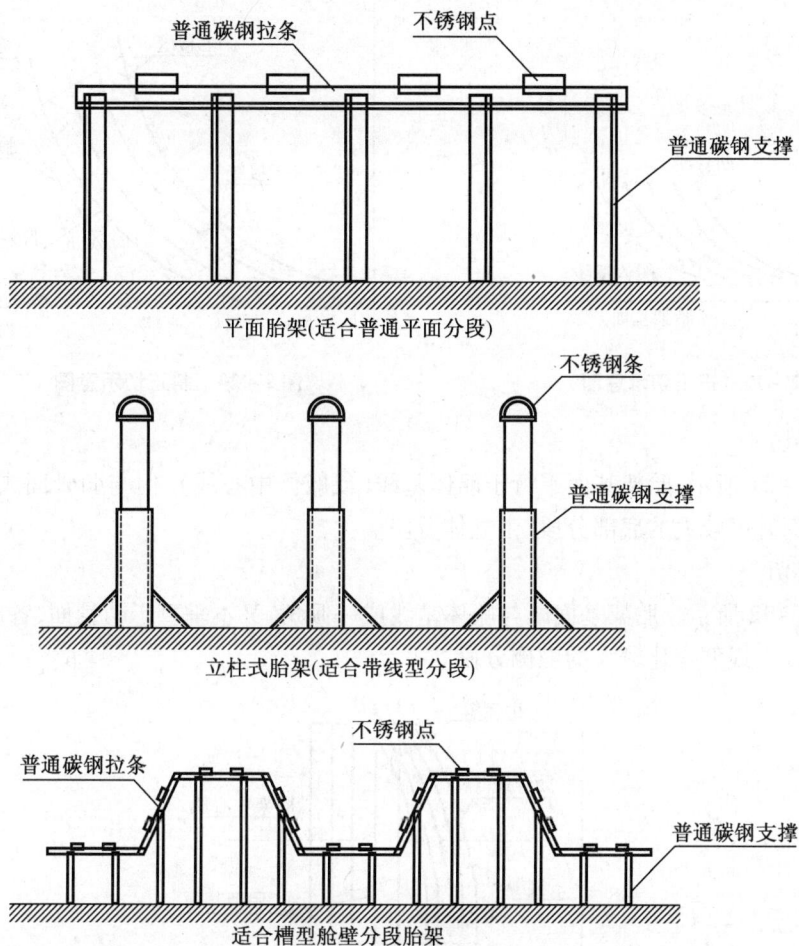

平面胎架(适合普通平面分段)

立柱式胎架(适合带线型分段)

适合槽型舱壁分段胎架

图 2 – 18　不锈钢和铝合金分段胎架示意图

2. 胎架型值的确定

(1)胎架基面的选择

胎架基面的选择,主要是根据船体各个分段的线型来决定的,同时要考虑装配、电焊和翻身等综合因素,其目的是要便于施工和节省费用。

胎架基面根据它与肋骨剖面的相对关系,通常分为四种:正正切、正斜切、斜正切和斜斜切。

①正正切

如图 2 – 19 所示,胎架基面平行(或垂直)于船体基线,同时又垂直于肋骨剖面,适用于底部分段、甲板分段和一些曲率变化不大的立体分段。由于肋骨面垂直于胎架基面,所以构架的画线、安装、检查测量等均比较方便。

②斜正切

如图 2 – 20 所示,胎架基面与船体基线成一倾角,但垂直于肋骨面,所以构架的画线,安装和检验测量工作也比较方便,适用于曲度变化不大的舷侧分段等。

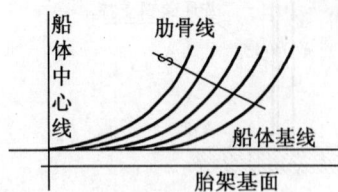

图 2－19　正正切示意图

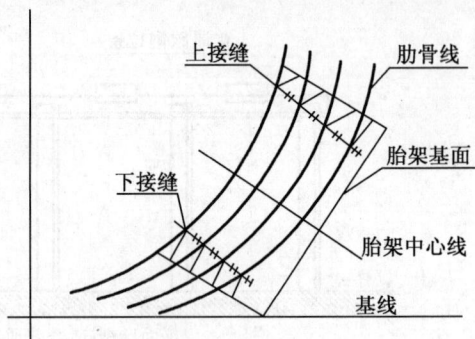

图 2－20　斜正切示意图

③正斜切

如图 2－21 所示,胎架基面平行于船体基线(或船体中心线),但与肋骨面成一倾角,适用于艏、艉部升高较大的底部分段、半立体分段。

④斜斜切

如图 2－22 所示。胎架基面既与船体基线成一倾角,又不垂直于肋骨面,各成一定的角度,适用于外板线型变化较大的舷侧分段。

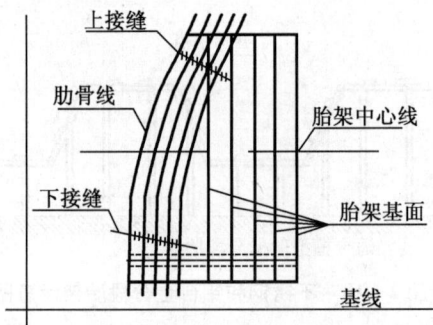

图 2－21　正斜切示意图

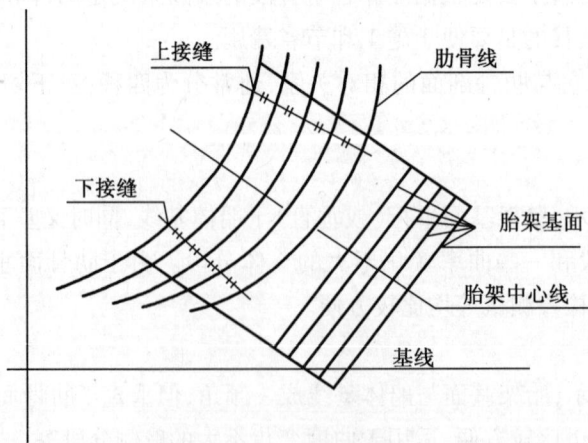

图 2－22　斜斜切示意图

（2）胎架的型值确定

①对于正正切和斜正切，首先在肋骨型线图上作出胎架基面的投影线，再根据胎架支柱间距在胎架基面投影线上求出支柱点，然后过基面投影线上的胎架支柱点量取到对应肋骨线的垂直距离，并减去分段板厚，即得胎架的高度型值。

②对于正斜切和斜斜切，在采用支柱通用胎架时，应该先过基面投影线上的支柱点作出纵向剖面线，然后过基面纵向投影线上的支柱点，量取至船体型线的垂直距离，并减去板厚，即得胎架的高度型值。

③对于施工中采用支柱通用胎架，应根据设计部门提供的胎架高度型值表制作胎架，但要求保证胎架的准确性和刚性。

④随着计算机技术的发展，胎架型值可以全部由数字放样自动生成。

2.2.3　装配搁墩和支撑工装

在船体分段总组和搭载中，需要对分段和总段进行支撑或者快速定位，根据不同的要求和支撑位置可以采用各种不同的搁墩和支撑工装，具体情况见表 2 - 2,2 - 3,2 - 4,2 - 5,2 - 6。

（1）楞墩（供平直分段总组和搭载支撑用）（表 2 - 2）

表 2 - 2　楞墩

名称	规格	材质	示图	附图
底楞	1 300 × 4 000 × 4 000	砼		
方楞	500 × 1 300 × 1 800	砼		
条楞	300 × 400 × 1 500	砼		
楔楞	270 × 400 × 1 500	硬木		
枕楞	100 × 400 × 1 500	硬木		
垫板	18 × 400 × 1 500	松木		

(2)搁凳(供曲面分段总组和搭载支撑用)(表2-3)

表2-3　搁凳

名称	规格	型式	数量	示　图	作　用
舭部搁凳	φ480×2 600	A型圆柱		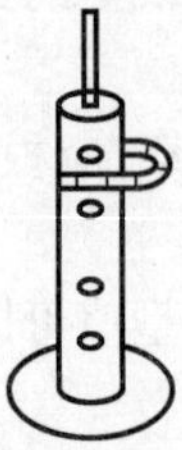	舭部搭载
舭部搁凳	φ1 000×5 000	B型方墩		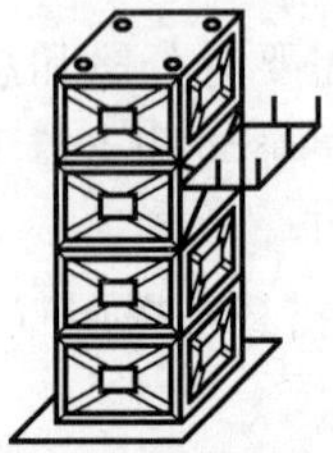	大型总组及坞内搭载支托(可多节叠高)
管柱	φ426×16×21.3m	E型管柱			用于艏艉区二甲板以上半立体分段搭载支托
底升式管柱	φ273×14×2.2m 4.6m 7.2m	顶升型管柱		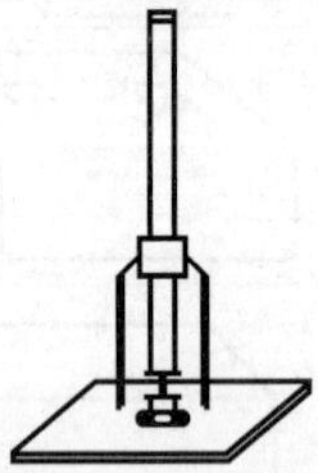	用于全船三甲板以下分段快速搭载定位用
可调式支撑					与普通支撑工装比较,在高度上可以调节

表 2-3(续)

名称	规格	型式	数量	示图	作用
总组与搭载共用支撑					在供总组支撑使用后不需要拆除,随总段一起吊进船坞再供搭载支撑使用,同时提高搭载效率
安装示意图				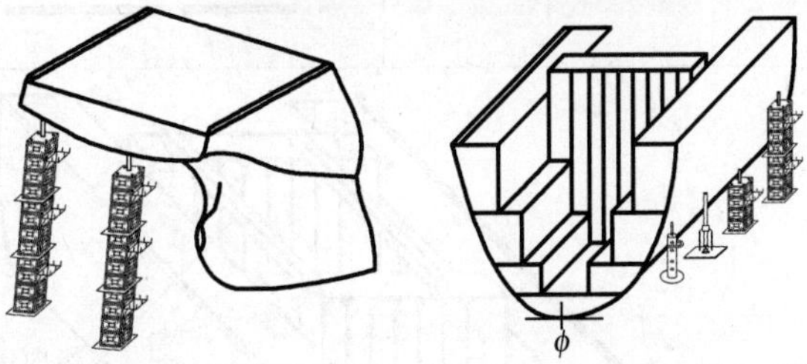	

(3)保距梁及强胸梁(供控制分段总组和搭载尺寸用)(表 2-4)

表 2-4　保距梁及强胸梁

名称	规格	型式	数量	示图	作用
纵向保距梁	φ600 × 16 000	方形		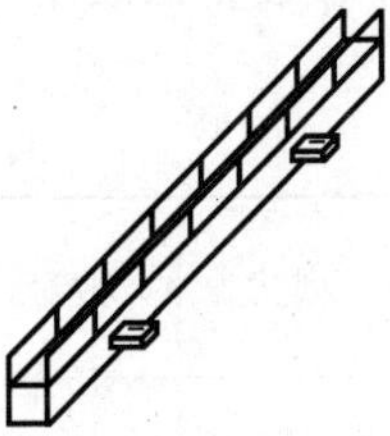	保证二座横舱壁的距离
平台强胸梁	700m × 10m 700m × 18m 700m × 4.5m 700m × 6.0m	"工"字型		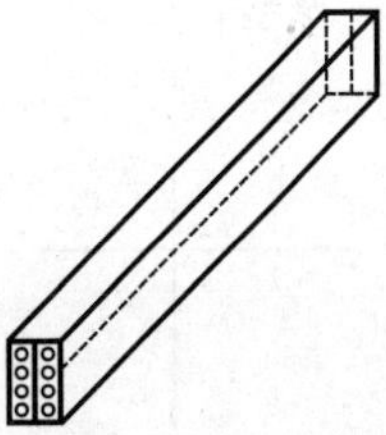	用于总组

表2-4(续)

名称	规格	型式	数量	示图	作用
组合平台强胸梁	$18+10+4.5=32.5m$ $18+10=28m$ $18+4.5=22.5m$ $6+6=12m$	"工"字组合		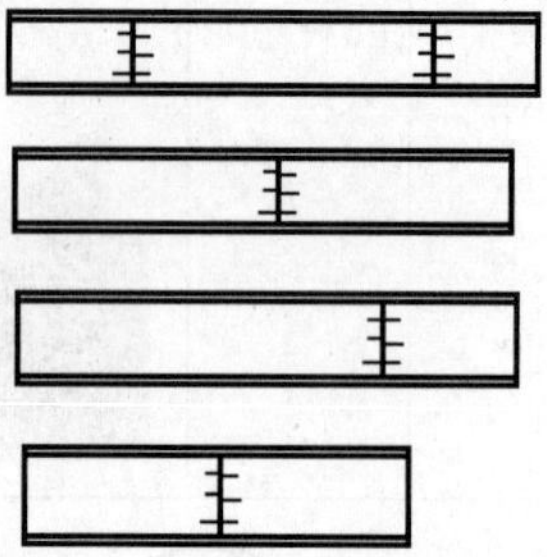	用于总组(由平台强胸梁组合而成)
安装示意图	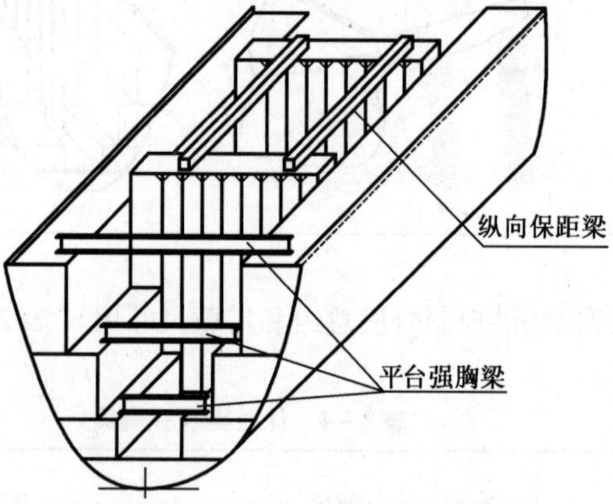			纵向保距梁 平台强胸梁	

(4)设备平台(供甲板设备摆放用)(表2-5)

表2-5 设备平台

名称	规格	型式	数量	示图	作用
舷侧悬挂平台	$1500 \times 4500 \times 1500$	窄型		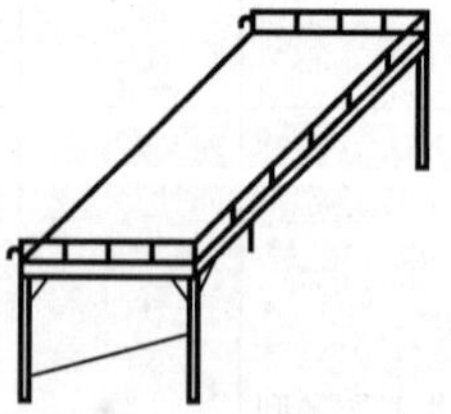	挂于舷侧放置焊接设备
舷侧悬挂平台	$2000 \times 4500 \times 3100$	改装型		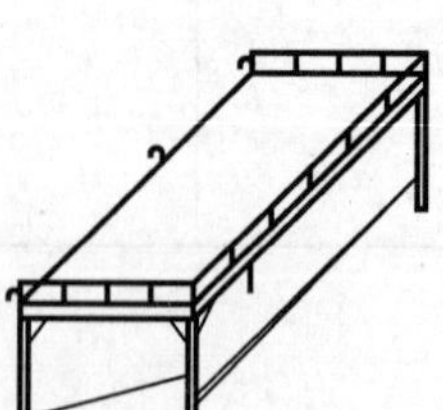	同上

表 2 -5(续)

安装示意图	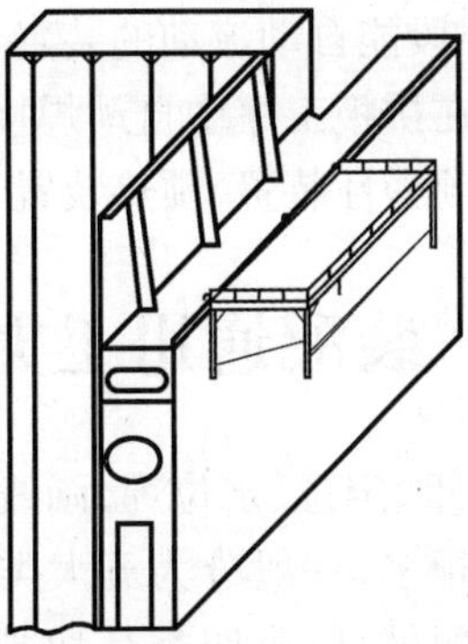

（5）上列板焊接挂笼（供甲板设备摆放用）（表 2 -6）

表 2 -6　上列板焊接挂笼

名称	规格	型号	示图	作用
舷顶列板焊挂笼	2 000 ×4 000	短型	见下图左	多层多道焊用
船用轨道式吊笼	2 000 ×7 000	长型	见下图右	装配、焊接、涂装等

示图	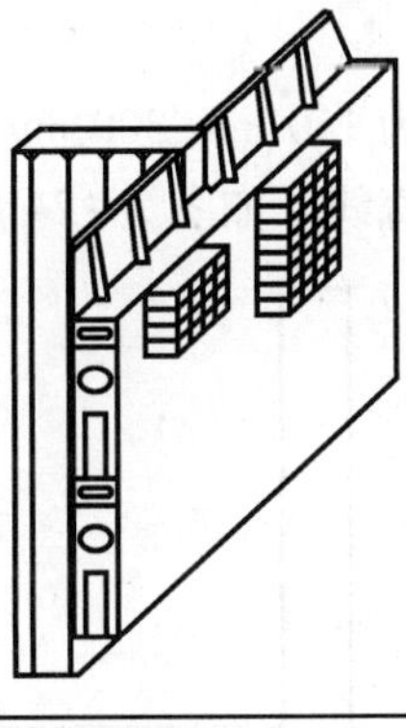 

2.2.4　其他装配装置

近年来，随着船舶制造技术的发展，装配作业的自动化、机械化连续不断地取得了进展，从过去使用各种工夹具进行装配的状态向依靠装置进行高效装配的状态转变，不断提高装配效率，降低劳动强度，减少劳动力的投入。

根据装配的目的，装配装置可以分为以下几类：

（1）配材、定位装置　使构架与构架、构架与板材或者分段与分段相互以正确的位置进行组合的设备。例如：纵骨安装机、"T"排流水线、肋板安装装置（肋板拉入机、肋板推入装置）等。

（2）翻转装置　使部件或分段翻转的装置。

（3）回转装置　转动部件或分段，使其保持在任意位置上的装置，主要便于最佳角度焊接。

（4）贴紧装置　将已经定位的构架与构架或构架与板材贴紧的设备。

（5）搬运装置　使部件、分段能自动流动的装置。

（6）自动焊接装置　设置在拼板工序中自动焊接装置。

（7）其他辅助装置　分段预密性装置、预热装置、吊环自动铣割装置等。

2.3　装配通用工夹具与工装

装配作业内容主要包括起重、定位、定位焊、画线、气割、矫正、打磨等多方面工作，因此装配中使用的工、夹具种类也很多，一般分为五大类，第一类是度量、画线、测量工具；第二类是装配工夹具；第三类是装配吊具；第四类是切割和火工矫正工具；第五类是定位焊工具。为了排除在装配作业中出现窝工的现象，每一个装配工应该成为多面手，熟练地掌握上述五类工具。

2.3.1　度量、画线和测量工具

1. 度量工具

（1）木尺　用来测量构件尺度。利用木尺宽厚画构件余量线，一般规格有长 500 mm，620 mm。

（2）卷尺　用来测量构件尺度，等分圆筒周长，一般规格为 2 m，5 m，10 m，30 m，50 m，100 m。如图 2-23 所示。

（3）钢直尺　用来测量构件尺度。一般规格为 150 mm，300 mm，1 000 mm。

（4）角尺　用来测量构件垂直度及用于画垂直线。如图 2-24 所示。

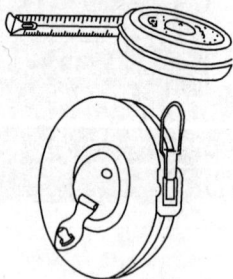

图 2-23　卷尺示意图　　　　图 2-24　角尺示意图

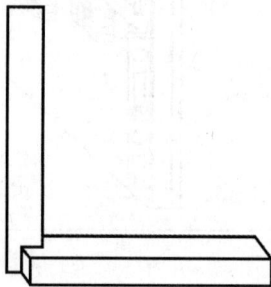

2. 画线工具

（1）各种画笔（石笔、划针、鸭嘴笔）　用于直线或曲线画线。

（2）粉线团　用铜皮（或铅皮）制成，直径约 50 mm，中间缠线作为弹直线与检查平直度用。

（3）圆规　画圆，画等分线、等角度。如图 2-25 所示。

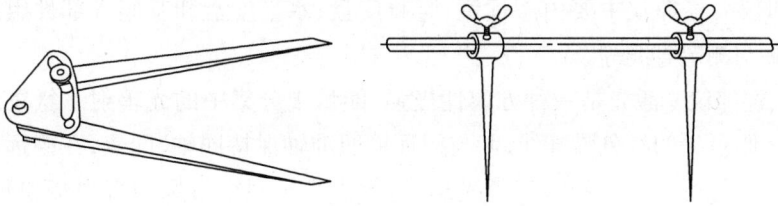

图 2 – 25　圆规示意图

3．测量工具

（1）线锤　用来检查零件的垂直度。当测量距离较大时，应选择中等的线锤，以保证测量的准确性；距离不大时，可选用较小的线锤。如图 2 – 26 所示。

（2）水平尺　用于测量物件水平度和垂直度。如图 2 – 27 所示。

（3）水平软管　水平软管是用于测量较大构件的水平度。水平软管是由一根较长的橡皮管和两根玻璃管组成，管内加注液体时，要从其中一端管口注入，不能双管齐注，以免橡皮管内留有空气而造成测量错误。冬天要注入一些不易冻的液体，如酒精或乙醚，如图 2 – 28 所示。

测量时，取两根高度相同的标杆，标杆上应刻有相同的刻度图。将玻璃管分别固定在标杆上，把其中的一根标杆置于检验的平台一角，另一根标杆连同橡皮管放在平台上的不同点，观察两根玻璃管内的水平面高度是否相同。玻璃管内水平面高度相同，说明平台的平面为水平。

图 2 – 26　线锤示意图　　　　图 2 – 27　水平尺示意图　　　　图 2 – 28　水平软管示意图

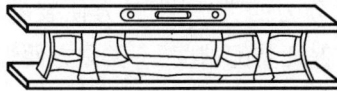

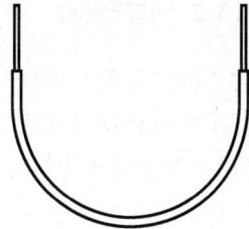

（4）角度尺　专门用于测量装配构件的角度，如图 2 – 29 所示。

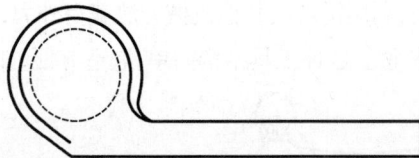

图 2 – 29　船用角度尺示意图

（5）水准仪　水准仪主要用来测量构件的水平线和高度，它由望远镜、水准仪和基座等组成。它的主要功能是给予水平视线与测定各点间的高差。

（6）经纬仪　经纬仪主要由望远镜、竖直度盘、水平度盘和基座等部件组成。它可测角、测距、测高与测定直线等。

（7）激光经纬仪　激光是一种方向性极强、能量十分集中的光辐射。氦氖激光器发射的激光束为肉眼可见的红色瞄准线，并与望远镜照准轴保持同轴、同焦，在望远镜所观察到的目标上形成肉眼可见的清晰的红色光斑，这就提高了观察目标的直观感和测量的精度。不仅白天可以测量，夜间也可以测量。激光经纬仪示意图如图 2 - 30 所示。

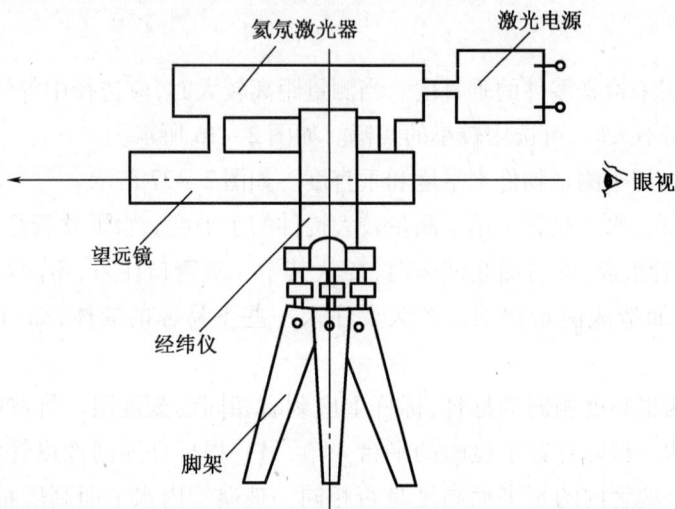

图 2 - 30　激光经纬仪示意图

2.3.2　装配夹具

为了确保装配在保证精度的前提下高效安装，有必要借助一些必要的工装和夹具。这些装配用夹具根据其作用大致可以分为四类，一类是方便装配作业，一类是用于部件和分段移位，一类是防止焊接变形，从而保证装配精度，一类是方便焊接，辅助焊接。

1. 榔头

用于钢结构的定位、矫平正、敲字码符号。一般常用规格有 0.5 磅、2 磅，如图 2 - 31 所示。

2. 铁楔

铁楔与各种"马"配合使用，利用锤击或其他机械方法获得外力，利用铁楔的斜面将外力转变为夹紧力，从而达到对工件的夹紧。这种工具结构简单，制造方便，如图 2 - 32 所示。

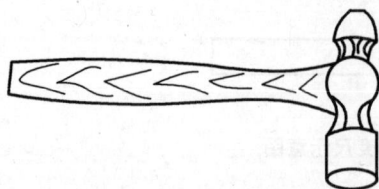

图 2 - 31　榔头示意图　　　　　　　图 2 - 32　铁楔示意图

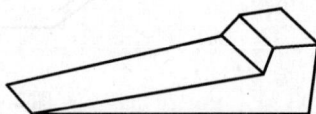

3. 杠杆夹具

杠杆夹具是利用杠杆原理将工件夹紧的,它既能用于夹紧,又能用于矫正和翻转钢材,如图 2-33 所示。

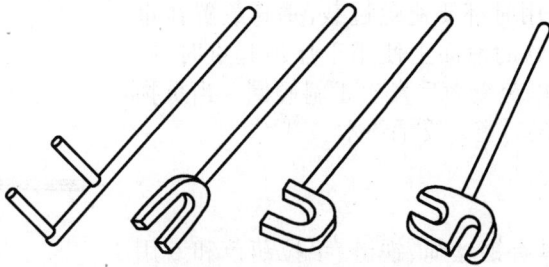

图 2-33　杠杆夹具示意图

4. 螺旋式夹具

螺旋式夹具有夹、压、拉、顶与撑等多种功能。它具有结构简单、制造方便和夹紧可靠等优点,其缺点是夹紧动作缓慢。

(1)弓形螺旋夹(又称 C 形夹)　弓形螺旋夹是利用丝杆起夹紧作用。弓形螺旋夹其断面呈 T 字形,这种结构自重轻、刚性好。

(2)螺旋压紧器　图 2-34(a)所示是常见的固定的螺旋压紧器,图 2-34(b)是螺旋压紧器,借助 L 形铁达到调整钢板高低的目的。图 2-34(c)是螺旋压紧器,借助∩形铁达到压紧目的。

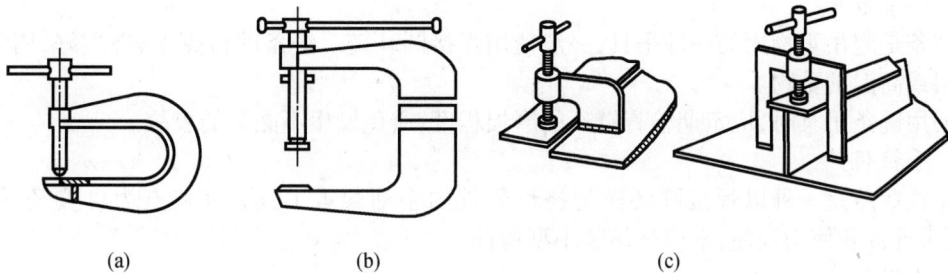

(a)　　　　　　　(b)　　　　　　　(c)

图 2-34　螺旋式夹具示意图

5. 拉撑螺丝

拉撑螺丝起拉紧或撑开作用,不仅用于装配中,还可以用于矫正,如图 2-35 所示。

6. 花兰螺丝

用于构件拉紧与固定,如图 2-36 所示。

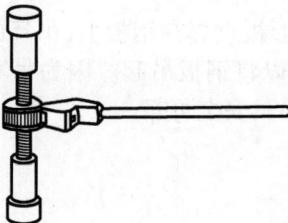

图 2-35　拉撑螺丝示意图　　　　　　**图 2-36　花兰螺丝示意图**

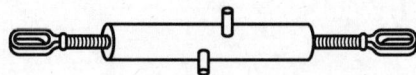

7. 千斤顶

千斤顶是一种支承重物、顶举或提升重物的起重工具。起升高度不大,但起重力可以很大,广泛地用于冷作件装配中作为顶、压工具。千斤顶按结构及工作原理不同,可分为齿条式、螺旋式、液压式和液压分离式等多种形式。如图2-37所示。千斤顶使用时都要避免过载,垂直放置在重物下面,不能歪。在松软的地面上使用千斤顶起重时,应在千斤顶下垫好木块,以免受力后发生歪斜倾倒。当重物升高时,重物下面也要随时塞入支承垫木。

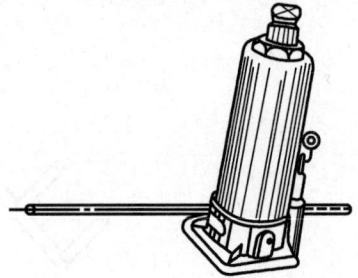

图2-37　千斤顶示意图

2.3.3　装配吊具

装配中常用的吊具有钢丝绳、铁链、手拉葫芦和专用吊具等。

1. 钢丝绳

钢丝绳又叫钢索。钢丝绳有单股和多股两种,单股钢丝绳刚性较大,不易挠曲;相同直径的多股钢丝绳,股数越多,或股内钢丝越细,其挠性也越好。在起重中,以6股或8股钢丝绳应用较多。绳芯采用油浸剑麻或棉纱纤维,它能增加钢丝绳的挠性;绳芯中的油能从绳的内部渗出,以润滑钢丝,起防锈作用。

常用的钢丝绳直径为6.2~83 mm,所用的钢丝直径为0.2~3 mm。钢丝绳的抗拉强度分为1 100 N/mm², 1 500 N/mm², 1 700 N/mm², 1 800 N/mm² 和2 000 N/mm² 等五个等级。

钢丝绳作为吊具使用时,其载重力由钢丝绳规格、起吊方法和钢丝绳分支数及连接状况决定。对同一规格的钢丝绳,如起吊方法和分支相同,但分支之间的交角不同时,起重力也不同。

2. 链条吊具

链条是起吊重物用的一种吊具,一般使用焊接圆环链。链条的自重大,挠性好,用于起吊坯料或高温的重物。

使用链条吊具时,应定期检查链环的磨损程度,避免发生不必要的事故。

3. 手拉葫芦

手拉葫芦是一种以焊接圆环链为挠性零件的手动起重工具。其特点为自重轻、体积小,便于携带和使用轻便,常用来吊装小型构件。

4. 专用吊具

(1)横吊梁　横吊梁是一种型钢焊接成的横梁,其下方附有装载重物的钢制弯钩,它可以用来搬运各种型钢,如图2-38所示。

(2)偏心式吊具　偏心式吊具有几种不同的结构,如图2-38(a)、图2-38(b)所示,用以起吊垂直或水平的钢板。

(3)槽钢挂式吊具　如图2-38(c)所示,是用来吊起单根的槽钢。吊具上的缺口挂住槽钢的翼板,可回转的安全铁挡住槽钢,使它不会从缺口中滑出。

(4)厚钢板的吊具　如图2-38(d)所示。先将槽形板点焊在钢板上,吊环的一端钩住槽形板,钢丝绳穿入吊环的另一端,拧紧压紧螺栓,就可以将钢板吊起。因为吊紧螺栓能承受一部分重力,槽形板不会受很大的冲击力,所以这种吊具安全可靠。

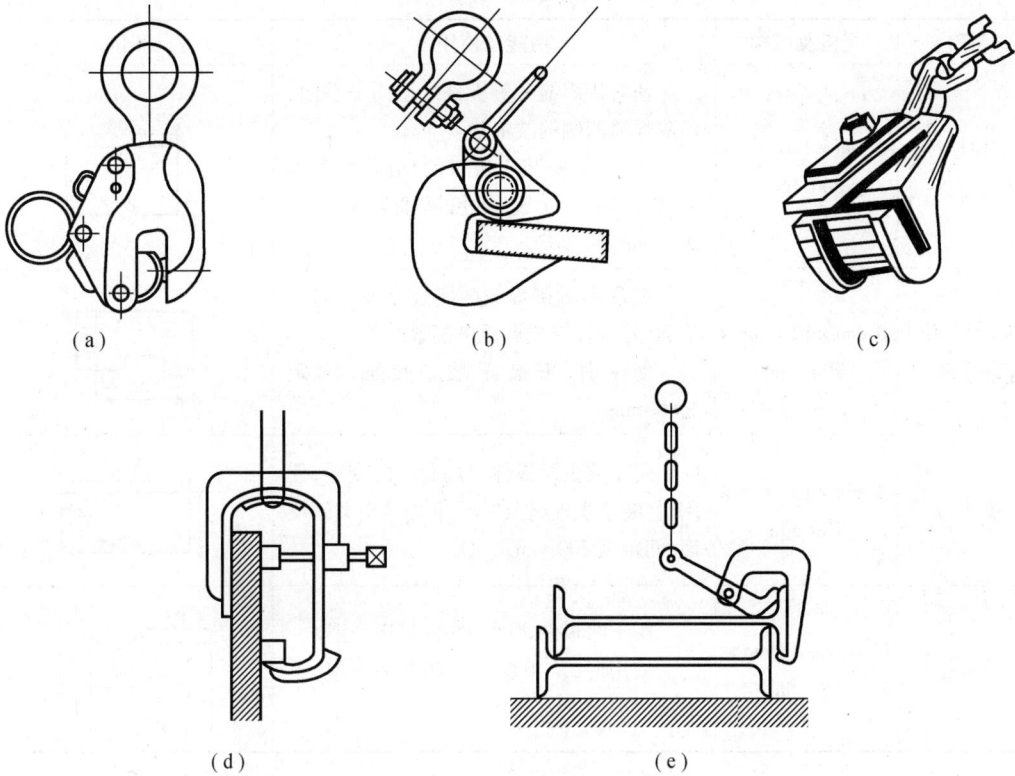

图 2-38 各种吊具示意图

（5）工字钢的吊具 工字钢的吊具有多种型式。图 2-38（e）所示为杠杆式吊具，将吊具钩住工字钢翼板的下端，起吊时杠杆由于受力旋转而在弯部的两点处与工字钢接触，这样就能吊起工字钢。

2.3.4 其他消耗性工装

在船体板架拼装、安装及装焊过程中，除了使用各种工具外，还需要使用消耗性的工装。消耗性工装是指使用一次或几次之后就不能修复再使用的工装，这种工装具有一定的通用性，见表 2-7，2-8，2-9。

（1）船体构件紧固工艺马板（表 2-7）

表 2-7 船体构件紧固工艺马板

名称	规格及结构	功能及使用	图例
CO_2 焊衬垫马	10 mm×120mm× 200 mm	使陶瓷焊接衬垫与板件坡口的反面紧密贴合 使用时，安装于坡口的反面，间距为 400 mm	

表 2 - 7（续）

名称	规格及结构	功能及使用	图例
CO_2焊装配马	10 mm × 120 mm × 200 mm	使对接焊缝两侧板件处于同一平面，消除焊缝两侧的波浪状 使用时，安装于坡口的反面，平直部分每隔 500 mm 设一处，弯曲部分每隔 200 mm 设一处	
CO_2（SEG 法）气电立焊马	10 mm × 120 mm × 200 mm	使环形对接焊缝两侧板件处于同一平面，并将焊接成形衬垫楔紧 使用时，安装于坡口反面，间距为400 mm	
梳状马	12 mm × 150 mm × 700 mm	用于减少两板件间焊缝区的变形，使用时，装于主焊缝及"十"字焊缝交叉的反面，间距为800 mm	
手枪马	12 mm × 70 mm × 150 mm	用于两板件之间的高低差楔平整 使用时，从板缝的一端至另一端，不能从两端向中间进行	

（2）船体构件焊接引、熄弧板（表 2 - 8）

表 2 - 8　船体构件焊接引、熄弧板

名称	规格及结构	功能及使用	图例
手工焊引、熄弧板	同母材 100 mm × 100 mm	用于焊接的起弧端和熄引端，以避免焊缝的气孔夹渣的产生 使用时，装于焊道的中心，上表面与焊接板件同一平面，并在中心处刨槽，引熄弧板与母材对接须焊平	
自动焊引、熄弧板	同母材 100 mm × 100 mm	用于焊接的起弧端和熄引端，以避免焊缝的气孔夹渣的产生 使用时，装于焊道的中心，上表面与焊接板件同一平面，并在中心处刨槽，引熄弧板与母材对接须焊平	
大厚度坡口引熄、弧板	5 mm × 60 mm × 100 mm	用于焊接的起弧端和熄引端，以避免焊缝的气孔夹渣的产生 使用时，装于坡口内侧板同一平面。当大厚板坡口为"X"坡口时应如右侧示图	

表 2-8(续)

名称	规格及结构	功能及使用	图例
FCB 法 引、熄弧板	同母材 100 mm × 300 mm 同母材 300 mm × 300 mm	使电弧的稳定,避免熄弧端附近焊缝中心裂纹 使用时,将 100 × 300 板装于引弧端,而 300 × 300 有弹性槽的板装于熄弧端,引弧板上表面与工件平齐。引弧板一端应与工件烧焊。引弧板中间应刨槽,刨槽深度与工件的坡口一致	

(3)船体构件拉、吊眼板(表 2-9)

表 2-9 船体构件拉、吊眼板

名称	规格及结构	功能及使用	图例
部件 眼板	18 mm × 150 mm × 80/150 mm	用于拼板平吊及部件吊运承受拉力为 5 吨 使用时,应四周角焊,焊脚高度为被焊件厚度的 0.7 倍	
拼板翻身 眼板	22 mm × 250 mm × 475 mm	用于内、外场 $t \geq 18$ mm 大拼板翻身用 使用时,眼板四周焊脚高度为较薄板的 0.7 倍	
拼板翻身 眼板	22 mm × 150 mm × 275 mm	用于内、外场 $t \leq 16$ mm 大拼板翻身用 使用时,四周焊脚高度为较薄板的 0.7 倍	
分段搭载 A 型眼板	17 mm × 150 mm × 200 mm	用于分段间拉拢绞紧,能承受拉力 10 吨 使用时,四周包角填角焊,焊脚高度为较薄板厚度的 0.8 倍	
分段搭载 B 型眼板	17 mm × 150 mm × 340 mm	用于分段间拉拢绞紧和搁置,能承受拉力 10 吨 安装时,应使其与 A 型眼板卸扣孔距离为 1 300 mm,焊脚高度为较薄板厚度的 0.8 倍	

表 2 – 9(续)

名称	规格及结构	功能及使用	图例
脚手眼板	10 mm × 120 mm × 220 mm	用于每个分段的脚手吊挂使用时,按图纸位置要求布置或由起重工现场定位,四周连续填角焊,焊脚高度为 7 mm	

2.3.5　装配切割和矫正

1.装配切割和矫正工具:手工割具

在船体装配过程中,如果碰到结构错位需要开刀、余量修割、临时增加零件,都需要使用切割工具。在切割工具之中,气割是最主要、使用最广泛的工具。同时在装配过程中,如果碰到钢板和型材变形、错位较小,也需要先进行矫正,然后再进行装配。在现场矫正方法中,火工矫正是最主要、使用最普遍的方法,火工矫正使用的工具恰好也适用气割。因此装配切割和矫正工具普遍采用手工割具。

2.气割原理

(1)气割过程

所谓气割,通常是指氧 – 乙炔切割或氧 – 丙烷切割。其实质是金属在氧气中燃烧,通常可将其分为预热—燃烧—去渣三个阶段。气割时首先调节好的预热火焰并加热金属,使割缝起点的温度逐步上升,直至达到被割材料的燃点,并将燃烧生成的熔渣迅速吹掉。连续不断地进行上述过程,就能将材料割开,如图 2 – 39 所示。

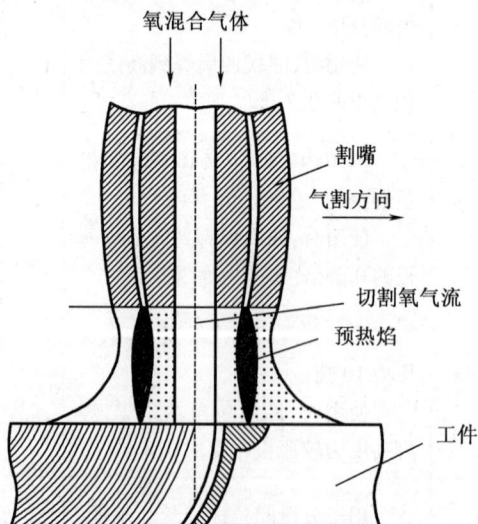

图 2 – 39　气割过程示意图

(2)气割条件

①被割金属的燃点应低于其熔点,这是最基本的可割条件,否则金属尚未达到燃点就已开始熔化,变成液态,就不可能进行切割。

②氧化物的熔点应低于金属熔点,并且具有良好的流动性。否则氧化物不可能以液体状态自切割处排除,易产生黏渣等现象,防碍切割过程进行。

③金属在氧气中燃烧时应能放出较多热量。如果其是吸热过程,那么气割过程无法进行。

④金属的导热率不应过高。否则预热火焰热量或被割金属燃烧产生的热量迅速消失,使温度很快降低到燃点以下,使切割过程不能开始或中断。

⑤金属中不应含有使气割过程恶化的杂质。因为有的杂质会使氧化物的熔点升高,有的会妨碍金属燃烧,有的则使割缝处的金属性能变坏,引起裂缝等。

(3)气割的主要工艺要求

①割前应根据构件的厚度选择合适的割嘴。

②切割薄板时割嘴宜后倾 30°~45°,切割厚板时割嘴宜前倾 10°~20°。

③为了减小构件在切割中的热变形,操作中遵守先短后长、先小后大、先内后外和先复杂后简单的原则。

(4)装配气割通常使用的割具及其操作方法

装配工通常使用的割具有割炬和气割机,其基本的操作过程如下:先微量打开氧气阀,再少量打开乙炔或丙烯,使混合气体从割嘴喷出,然后用火柴或打火机将其点燃。再调节氧气和乙炔或丙烯阀门,使预热火焰构成适当的比例,然后将割嘴对准要割的钢板切割线进行加热至燃点。每个装配工必须培训后上岗。

(5)常见的气割缺陷和产生的原因(表 2-10)

表 2-10　常见的气割缺陷和产生的原因

缺陷名称	图示	产生原因
粗糙		切割氧压力过高、割嘴选用不当切割速度太快、预热火焰能率过大
缺口		切割过程中断、重新起割衔接不好和钢表面有厚的氧化皮、铁锈等切割坡口时预热火焰能率不足;半自动气割机导轨上有脏物
内凹		切割氧压力过高切割速度过快
倾斜		割炬与板面不垂直、风线歪斜、切割氧压力低或嘴号偏小

表 2 – 10（续）

缺陷名称	图示	产生原因
粗糙上缘熔化		预热火焰太强 切割速度太强 割嘴离割件太近
上缘呈珠链状		钢板表面有氧化皮、铁锈；割嘴 到钢板的距离太短、火焰太强
下缘粘渣		切割速度太快或太慢 割嘴号太小 切割氧压力太低

3. 火工弯曲

（1）火工弯曲的原理（图 2 – 40）

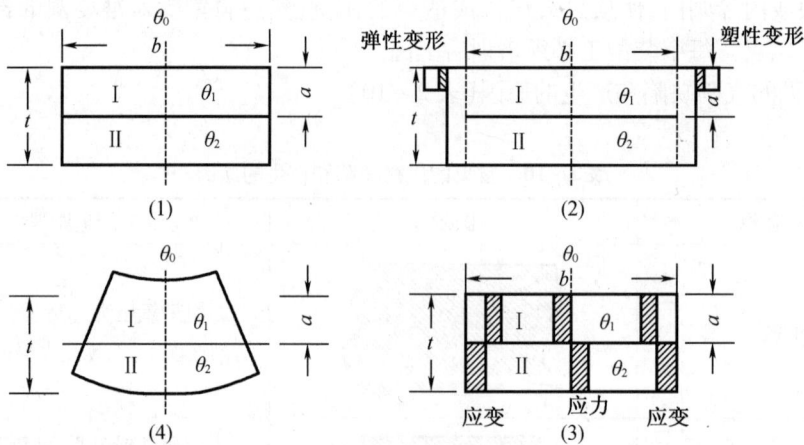

图 2 – 40　火工弯曲的原理图

设板厚为 t，火焰加热宽度为 b，加热前板材的温度为 θ_0，当我们垂直于板面加热时，在垂直于加热线的剖面内就形成两个区域，一个是加热区 I，其厚度为 a；一个是背面区 II，其厚度为 $t-a$。当热源通过时，I 区内的温度升到 θ_1，II 区内的温度升到 θ_2，显然 $\theta_1 \geqslant \theta_2$，热膨胀的结果，I 区应伸长到双点画线所示位置，II 区应伸长到实线位置，但是，由于热场的局部性，受热金属的膨胀受到周围较冷金属的限制，因而 I 区、II 区的伸长量相同，故 I 区内产生图示的压缩塑性变形。当热源通过后，板内的温度都恢复到 θ_0，由于在加热时 I 区发生了塑性变形，因而冷却后宽度变小而有收缩到图示双点画线位置的趋势，但 II 区的收缩量没有 I 区大，故最后它们一起收缩到实线位置，在收缩变形的同时，在 I 区内产生拉应力 σ_1，在 II 区内产生压应力 σ_2，这样一压一拉，使整个截面产生弯曲，得到火工要求的变形。

（2）各种因素对成形效果的影响

①加热线对成形效果的影响

水火弯板时，加热线的位置、疏密和长短对板材成形效果的影响极大，它们决定了所能获得的形状和变形大小。一般而言，加热线愈密、愈长，则产生的变形愈大。因此水火弯板工艺需要相当经验的人操作，才能获得适当的变形量和所需的形状。例如同样一块板由于加热线的位置不同，形成了两种形状完全相反的帆形板和鞍形板，如图2－41，图2－42所示。

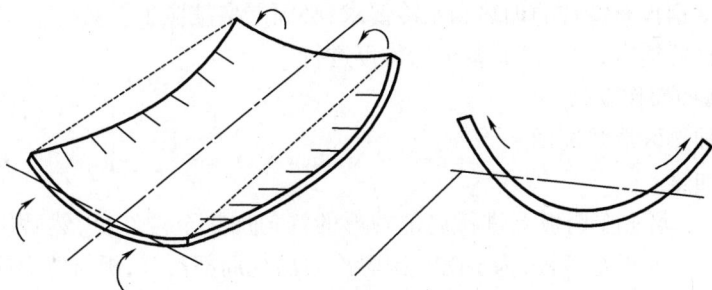

图2－41　帆形板示意图

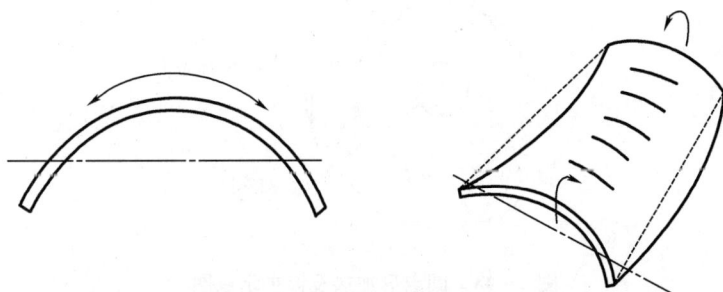

图2－42　鞍形板示意图

②冷却方式对成形效果的影响

冷却方式一般有3种：自然冷却、正面跟踪水冷却、背面跟踪水冷却。自然冷却横向变形最小，角变形较小；正面跟踪水冷却横向变形较小，角变形最小；背面跟踪水冷却效果最好，横向变形和角变形均较大，但最难操作。

③加热速度对成形效果的影响

实验证明，对于角变形而言，当单位热线能达到一定时，角变形不再增加，而单位热线能的临界值与板厚有关；对于横向变形而言，单位热线能越大，其变形也越大；同样加热深度收缩量随深度增大，而略有增大。在1/2板厚内，角变形随深度增加而增大，超过1/2板厚后，随深度继续增加而逐渐减小。

④水火距对成形效果的影响

采用正面跟踪水冷却时，碳钢的水火距取100～130 mm，船用低合金钢取250～350 mm，最小水火距大于60 mm；加热嘴口径越大，热能越强，收缩越大。加热嘴口径越大，角边形越大；冷却速度随水火距增大而增大，达到某一峰点后，继续增大水火距后则反而减小。角变形随水火距增大而减小。

⑤重复加热对成形效果的影响

每次重复加热的次数不得超过三次。

（3）火工弯曲的主要工艺要素

①进行线状加热以前，应根据构件的成形要求，在钢板预先定出加热线的位置。

②应根据构件的成形要求选择合理的加热参数。

③对对称构件，加热也要求对称。

④对高强度钢板有特殊的加热和水冷要求，必须严格按照工艺执行。

⑤凡新品种的钢板，须经试验鉴定后方可进行。

（4）火工弯曲操作要领

①火工的加热区形状选择

a. 圆点形加热

方法：用火工龙头在钢板上进行局部圆形的均匀加热至樱红色，然后用木锤敲击火圈周围（图2-43）。如果是薄板，为了防止因骤冷而出现局部褶皱，板材背面应撑铁垫。当火圈呈黑色，停止敲击。

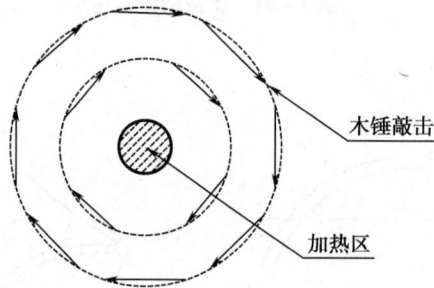

图2-43 圆点形加热及锤击示意图

作用：使加热区四周的板材向圆心收缩，板材边势松弛。

适用范围：板形结构的局部变形区域（如：上层建筑围壁的鼓凸变形）。

注意事项：i. 根据板厚合理选择氧-乙炔焰喷嘴的大小。

ii. 根据板厚合理选择木锤的质量。

iii. 板越厚，火圈越大；板越薄，火圈越小。

iv. 对于需要多个火圈加热处理的：板越厚，火圈越密；板越薄，火圈越稀。

b. 带状加热

方法：用火工龙头沿直线方向均匀加热板材，加热带面积为凸弯变形部分总面积的12%左右，加热焰（指火焰之心（白点）至工件表面距离）至板材的距离与板厚关系见表2-11，其他参数请见表2-12。相邻的加热区的间距根据板材的情况灵活设定。有时可以灵活使用十字形加热或交叉形加热。对于弯曲较大的板材可以适当辅以油泵、葫芦顶撑。

表2-11 板材的距离与板厚的关系

工件板厚/mm	加热焰至工作表面的距离/mm
9～14	0～3
15～22	3～4

表 2 - 11（续）

工件板厚/mm	加热焰至工作表面的距离/mm
23 ~ 26	4 ~ 5
> 26	6 ~ 10

作用:消除焊接应力、或者矫正大面积的变形。

适用范围:强构件部装焊接变形,板架结构瘦马,板架结构边缘波浪变形,同一板格边缘凸凹变形,自由端失稳变形,拼板焊接折皱,搭载定位的对接矫形。

注意事项:加热速度与板厚有关,厚板慢,薄板快。需要根据板厚和矫正量合理选择加热速度。

表 2 - 12　带状水火矫正参数表

矫正板厚/mm	6 ~ 12	> 12
所用加热嘴号数	4 ~ 5#	5#
加热嘴孔径/mm	2 ~ 3	3 ~ 4
移动速度/(m/s)	7 ~ 20	4 ~ 10
加热温度/℃	700 ~ 800	800 ~ 900
加热带宽度(δ 为板厚)	$(1.5 \sim 4)\delta$	$(0.5 \sim 3)\delta$
加热带深度(δ 为板厚)	$(0.5 \sim 0.8)\delta$	$> 5,\ < \delta$
最小水火炬/mm　A,B,D 级钢	60	80
最小水火炬/mm　E 级钢	120	160

c. 楔形加热（又称三角形加热）

方法:用火工龙头加热板材边缘,加热区呈三角形（即扇形）,顶角角度大约为30°,三角形根部的宽度为 20 ~ 30 mm,相邻的两个加热区间距为 500 ~ 600 mm。弯曲过大矫直,在凸起一侧加热;弯曲不到位,在凹曲一侧加热。

作用:增加加热面积、加热深度,提高收缩作用。

适用范围:焊接组合件（如:T 排）、自由边严重变形的板材、较厚的双曲外板矫形。

注意事项:给腹板（如:T 排的腹板）加热时加热区域尽量不要超过中和轴（即不要超过腹板高度的的 2/3）,以免减弱矫形效果。

②几种典型变形情况的火工矫正方法

注:下文介绍的火工矫正方法仅针对实际工况,不涉及具体工序,生产中应灵活参考选用。

a. 组合肋骨、框架构件、板格"瘦马"变形

这种结构都由骨材和板材组合而成的,角焊接带来的板材弯曲变形是常见的情况（见图 2 - 44）。而这些部装件的平整情况又直接关系到分段制作时的装配精度。

这样的构件宜选用长条形水火矫正法,加热线位于骨材的背面,即"背烧"。如果变形不严重,则可以直接在骨材背部中心（位置②）背烧;如果变形严重,则需要在骨材背面两侧（位置①,③）背烧。对于板格"瘦马",此方法在第一次背烧时不宜烧得过狠,以免产生较大

的内应力。

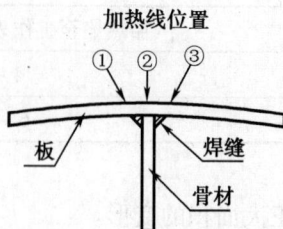

图2-44 部装母材与子材的角接"瘦马"变形示意图

b. 自由端的"波浪"变形

这种情况是由于板架骨材焊接导致的面板边势变形(图2-45)。首先对凹入面两侧的骨架(位置①,②)进行背烧,方法为长条形加热。然后对凸出面的骨架之间的面板(位置③)进行加热,方法为长条形加热。

这种火工的原则是"先骨材,后板架"。但是在矫正板材之前,不用等骨材完全矫平。

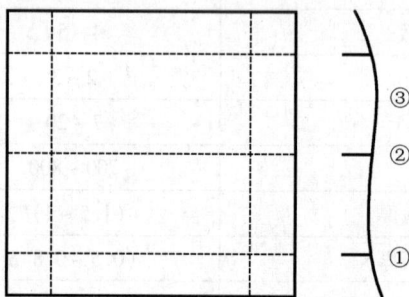

图2-45 板格的自由端变形示意图

c. 同一板格内的凹凸变形

这种情况在上层建筑的围壁结构中比较容易出现(图2-46)。矫正时,首先对骨架背面(位置①,⑤)进行背烧;再对变形的凸部与凹部交界处实施长条形加热。如果变形不能完全矫正的话,再对骨架间的面板(位置③)进行加热,板格内加热线的间距不宜小于50~100 mm。

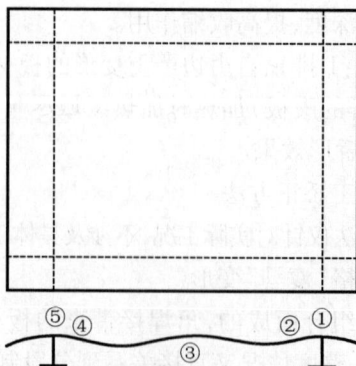

图2-46 统一板格内的凹凸变形示意图

d. 型材(包括 T 排)的纵向弯曲变形

型材的变形包括面板凹入和面板凸出,如图 2 - 47 所示。对于面板凹入的情况,用楔形法自腹板高度 2/3 处开始向下加热;对于面板凸出的情况,先自腹板高度 1/2 处用楔形法向上加热,接着在同一位置面板上用宽的条形加热法加热。这类情况可以用水冷,如果变形较大可以辅以外力工具。

e. 型材(包括 T 排)的横向弯曲变形

型材横向弯曲的矫正分两部分:腹板矫正和面板矫正。先在腹板凸起的一面用短条形加热,再用楔形法在面板的凸出的一侧加热。但面板的加热须在腹板冷却之后进行。如果变形较大,可以辅以外力工具,如图 2 - 48 所示。

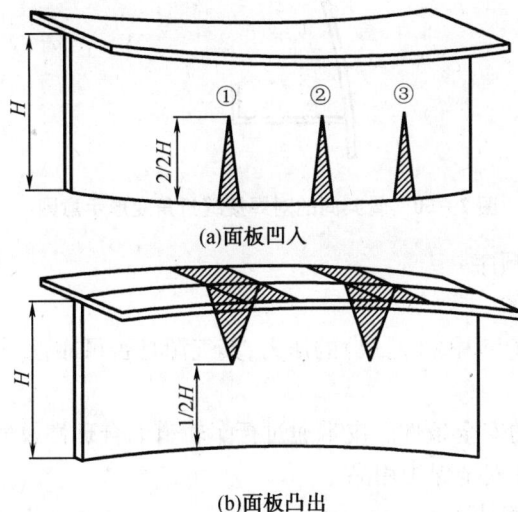

(a)面板凹入

(b)面板凸出

图 2 - 47 型材纵向弯曲变形示意图

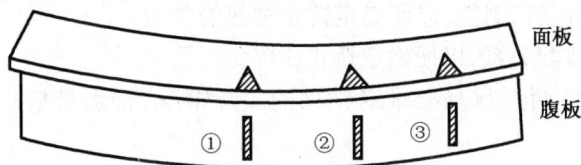

图 2 - 48 型材横向弯曲变形示意图

f. 对接焊缝折皱变形

板材对接焊(不管何种焊接方法)之后,通常会出现折角变形(图 2 - 49)。对于这种情况可用长条形加热线在焊缝两侧加热进行矫正。为了提高施工效果,可以适当敲击焊缝周围。

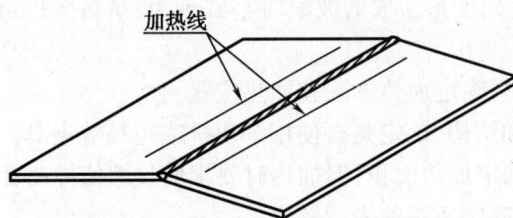

图 2 - 49 对接焊折皱变形示意图

g. 骨架间的对接焊缝处折角变形

骨架间对接焊缝焊接时板经常出现折角变形(图2-50)。这种情况应先对骨材反面的板材(位置①,②)用长条法实施背烧,再在构架一侧的对接缝③处用长条形水火矫正法加热。在变形大的情况下,可以辅以适当的外力工具进行变形矫正。

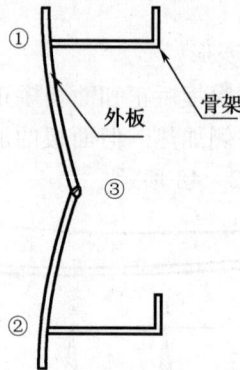

图2-50　骨架间的对焊接缝折角变形示意图

③火工矫正的工艺顺序

a. 矫正前的准备工作

(a)气源检查。氧气和丙烷(乙炔)的压力,其气源是否可靠性,其位置距操作点远近是否合理。

(b)检查工作地点的安全条件。皮带通过行车轨道的合理性及舱室的环境通风条件。

(c)准备矫正工具和安全保护用品。

b. 矫正基本条件的确认

(a)确认结构材料的性能。

(b)确认变形的原因(结构变形的原因,工艺缺陷或其他原因)以便考虑矫正方法。

(c)确认结构的特点和刚性,以便确定矫正加热的参数。

(d)确认结构的装配关系,以便确定矫正次序。

备注:其中(c)(d)两点就是要求对结构的实际情况,特别是板材的周界情况作一个判断。

(e)了解技术条件和工艺精度要求,以便明确矫正目标。

c. 变形的测定

(1)用合适量具测量变形的大小,仅凭目测确定变形的大小时,往往依赖于人的经验,会产生较大的误差,因此必须以直尺和粉线或"攀条"测量。

(2)分析变形的类别。变形可分为均匀的弯曲变形、不均匀的短阶弯曲变形、角变形、丧失稳定性的波浪变形、角变形造成的波浪"瘦马"现象、拼接缝折角变形等。

d. 确定矫正方案

(a)根据测定的变形,确定加热方法和加热位置。

(b)根据变形大小和结构,确定是否使用绑压排或担马等夹具。

(c)根据变形情况确定加热面积,但加热时要求使收缩值控制在较小的范围内。

(d)根据变形情况,确定矫正的先后顺序。

e.确定加热温度

(a)结构变形类别。

(b)结构材料性能。

(c)矫正板厚和结构的刚性。

(d)矫正方案。

f.加热矫正

按选定的矫正方法与加热参数进行矫正。

g.矫正后复查

(a)检查结构材料的表面质量。

(b)检查尚未达到的技术要求并圈定第二次、第三次矫正的范围。

(c)检查过矫(过旺)部分,进行反矫的范围和方法。

h.矫后处理

(a)烧枯、涡轮块的附加热处理。

(b)卸去外力,表面光顺、光洁处理。

(c)交下道工序。

③火工矫正的注意事项

a.必须明确被矫正构件的材料是否允许用水冷却。一般材料都可,不锈钢不可。

b.必须了解周围环境水冷时会损坏其他物件或电气设备,排水条件是否具备。

c.浇水时由于水沫飞溅,易堵塞火焰嘴,故应保证水火距离和水流量。

d.不得在同一位置上进行三次以上烘烧。

e.钢板在加热时都会产生应力和变形,因而火工矫正的实质就是用新的应力和变形来改变旧的应力和变形。所以如果加热的参数过大,就会矫正过度,会"过烧"和"烧枯"。所以,在火工矫正时,不要过急,要按照选定的方法逐步矫正。

2.3.6　装配定位焊接

定位焊是为了将板材、型材等装配定位,并强制装配平整,为下一步的焊接做好准备工作。定位焊质量的好坏对焊接施工有很大影响,将直接影响焊缝的成形和内在质量。因此,在施工过程中,要严格遵守以下规范。

1.定位焊方法

(1) 焊条电弧焊

①焊条电弧焊时,应当选用碱性焊条(限用于当天领用焊条),不允许选用酸性焊条和铁粉焊条(如可选用 E5015,不得用 E5018,E7018 焊条)。

②焊条直径必须选用 $\phi 3.2 \sim \phi 4$,不得选用大直径焊条。

(2)CO_2 半自动定位焊

①当对接坡口间隙比较大时,可选用 CO_2 半自动定位焊,在定位焊处的反面粘贴一段陶瓷衬垫,正面焊接。

②CO_2 半自动焊应采用 $\phi 1.2$ 的 TWE −711 焊丝。

2.定位焊分类

(1)马板定位焊

当拼板焊缝选用 CO_2 单面焊时,一般用马板进行定位。将马板置于坡口正面,焊脚的高度应满足技术要求。

（2）坡口内定位焊

①平角焊位置定位焊时，定位焊应在坡口内侧。

②熔透角节点的定位焊应焊在主焊缝的反面。

3. 定位焊尺寸

（1）定位焊高度

①拼板定位焊焊脚高度一般不应该超过 5 mm，若高度过高，应用砂轮打成凹状。

②当角焊缝焊脚≤4.5 mm 时，定位焊采用 ϕ3.2 焊条，焊脚≤3.5 mm。

当角焊缝焊脚 > 4.5 mm 时，定位焊采用 ϕ3.2 或 ϕ4.0 焊条，焊脚≤3.5 mm。

（2）定位焊长度

定位焊长度一般为 50 ~ 80 mm，焊缝不宜过长。

（3）定位焊间距

定位焊间距视钢板平直度而定，在钢板平直状态下间距可在 500 mm 左右，如图 2 - 51 所示。如需强制装平，定位焊间距可适当减小。

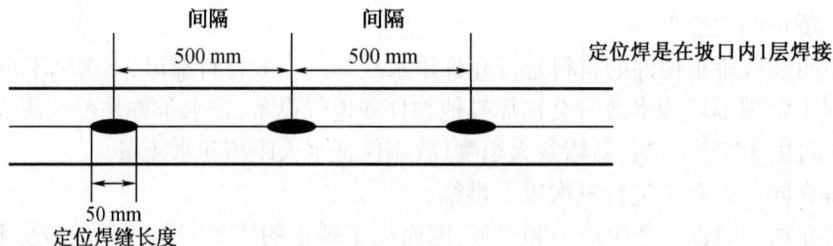

图 2 - 51　定位焊间距示意图

4. 注意事项

（1）定位焊缝不允许存在裂纹、气孔、夹渣等缺陷，如发现缺陷应去除，重新定位焊。

（2）定位焊后如在焊缝背面有突出部分，应将其磨去，使其与钢板齐平。如图 2 - 52 所示。

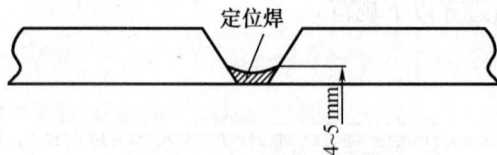

图 2 - 52　定位焊高度示意图

（3）高强度钢区域的定位焊，其引弧需在引弧板上或焊缝内进行，不准在焊缝外的钢板上引擦起弧。

2.3.7　装配打磨使用的工具

装配打磨主要使用风动角向砂轮，它是以压缩空气为动力的机械化工具，用于清理钢板边缘的毛刺、铁锈，修磨焊缝及钢板表面氧化皮等，如图 2 - 53 所示。

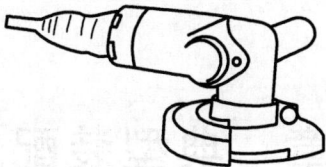

图 2 − 53　风动角向砂轮示意图

2.3.8　装配通用夹具的管理

1. 管理机构

由于夹具的制作、回收和修复不够及时,在现场就会发生所需夹具数量不足或过剩,迫使现场临时制作不规范的夹具或不使用夹具进行现场操作,结果会降低生产效率,发生安全事故,而且还不能保证装配质量和精度。因此,夹具的结构形式要标准化,其设计、制作、回收、修复应当有专门的机构进行管理。一般夹具的设计由技术人员负责,夹具的制作、回收、修复由现场施工部门设置专门的科室负责。

2. 制造管理

装配夹具由于外形较小,大多数都可以用边角余料制作。因此,从公司节约成本的角度出发,装配夹具一般以边角余料为主,由专门的夹具制作班来制作。为了有计划地制作夹具,必须随时掌握所需数量及库存量的情况。

3. 使用管理

对可重复使用的夹具,应设立专门的机构使用传票制度进行保管,或分别发放到班组自主进行管理;对消耗性夹具,及时根据每天的需求由班组长开票向夹具制作班直接领用。

4. 回收、分类和修复

回收的夹具,应由专业人员进行检查和分类,超过使用寿命或者不能修复的作为废料处理,能够修复的夹具应由夹具制作班修复后重复利用,装配工不得擅自修复夹具。

第3章 典型装配工艺

3.1 装配工艺概述

随着造船工业的发展,无论是加工、分段制造、船台装配、预舾装等的制造技术,还是在经营方法、组织形式、机械设备等方面都发生了较大的变化。装配工艺也获得了巨大的发展,装配工艺的好坏直接影响船厂的装配效率和装配质量,进而影响整个造船厂的效率和质量。随着现代造船技术的完善,船体装配分解成了部件装配(中组件)、分段装配、分段总组装配和分总段搭载装配的四个子系统,具体见图3-1。

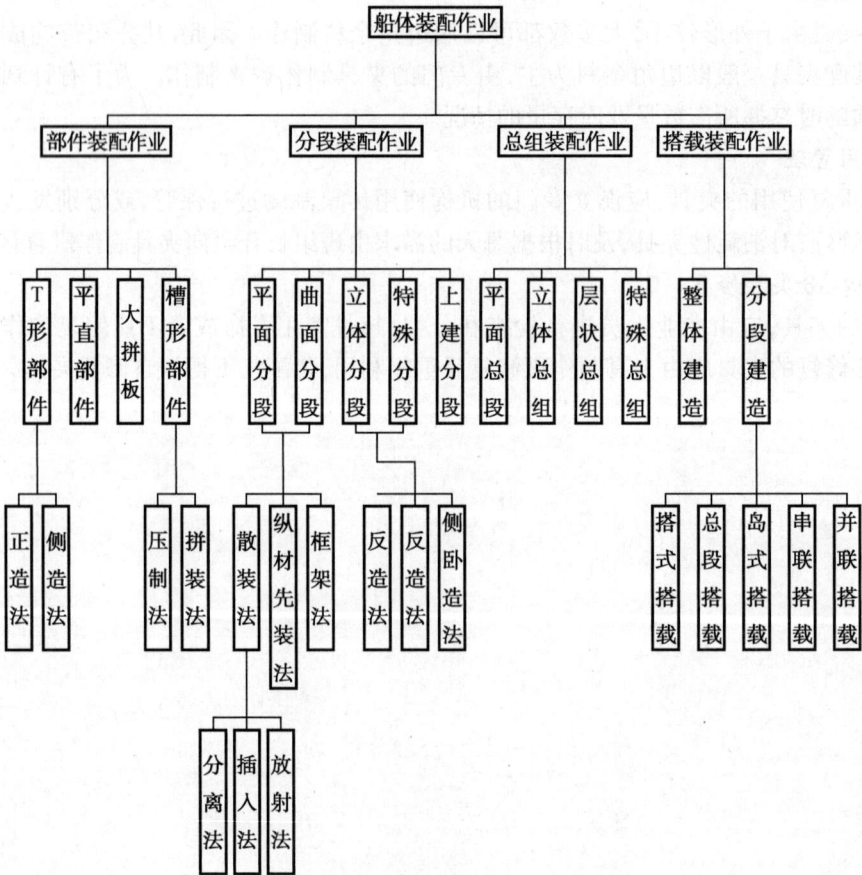

图3-1 船体装配工艺技术体系图

3.1.1　装配作业技术依据

1. 装配作业工作图表

通常施工人员要完成装配作业,除了工具、工装、设备、场地作为支撑条件外,首先必须获得施工用图表,这些图表全面地反映了部件、分段和总段的结构型式、构件规格、零件和工艺符号代码、装配流程、胎架形式、装焊要点和完工测量等内容。施工人员所用图表的类别、内容和用途见表 3 - 1。

表 3 - 1　施工用图表的类别、内容和用途

工作类别	内容	用途
部件(中组件)施工图	描述了各类构件装配成部件的过程、零件代码、装配尺寸等	主要作为部件装配施工
分段施工图主要包括: 1. 焊接符号代码 2. 分段装配流程和建造工艺 3. 分段结构图 4. 胎架图 5. 分段重力和吊环布置图 6. 门架布置图 7. 完工测量图和其他工艺用图 8. 零件表	完整地描述了分段结构施工的施工图样,编制了详细的施工流程和施工工艺,同时包含了分段装配的全部工艺管理信息	专门为分段装配提供完整依据
分段总组作业指导书	完整地表达了分段总组流程、总组方式和总组要领	专门为分段总组装配提供完整依据
分、总段搭载作业指导书和搭载网络图	完整地表达了分、总段搭载顺序、快速搭载操作要领	专门为分、总段搭载提供完整依据

2. 装配作业技术标准

船体装配技术标准是指船体建造质量精度标准,是对船体装配各阶段的建造公差范围的技术规定,是在一定范围内和一定时间内具有约束力的一种特定形式的技术法规。

船体装配技术标准有国家制定的,也有世界通用的,还有企业自己制定的标准。这些标准是装配作业的基本依据。

3.1.2　船体分段划分图

1. 船体分段划分的目的和作用

(1)船体分段划分的目的

船体分段建造是船体由铆接结构发展成为焊接结构后的产物。由于焊接工艺技术的发展,使船体能分解成块进行建造,也就是具备了采用分段方式建造的条件,也产生了从零件、部件、组件、分段、总段到形成整船的分阶段的建造方法,这样促使船体装配工艺发生了深刻的变化。

　　船体分段划分,就是将船体这个庞大的空间建筑科学地肢解成适合于制造的平面段、曲面段和立体段,这种肢解称为划分。分段划分的目的不仅是尽量使每一个分段便于建造、具有较好的刚性和完整性、便于验收和运输,还在于有下列的好处:

　　①分段建造有利于扩大施工作业面,能将分段结构再肢解为部件、拼板、片段,从而使之能在车间内场的平面分段流水线、曲面分段流水线上平行开展作业,广泛地进行预舾装,大大缩短船体建造周期。

　　②分段建造具有能提供组织连续性生产和高度专业化生产的条件,特别体现在流水线上的生产,为扩大分段总组装提供了条件。

　　③分段使船体结构的仰焊、垂直焊、横焊等焊缝处于俯焊位置,因而改善施工条件,有利于提高生产率,有利于保证产品的制造质量。

　　④分段建造可以进一步发展成总段建造,使船台、船坞留下为数不多的大接缝,有利于控制船体焊接变形。

　　⑤能将船体结构形状复杂、具有三维曲面的分段进一步划分成比分段小一级的组件(小片段)后,在小场地制造,然后在大场地上组合分段,使大场地的使用周期相对缩短;同样也可以根据分段制造场地起重设备能力合理安排生产,起重能力小的,制作组件(小片段),组件(小片段)合成大分段则设置在起重能力大的场所,以充分发挥起重设备的能力。

　　(2)船体分段划分的作用

　　①编制基本建造方针、施工要领和船体制造工艺的依据。

　　②船体分段建模、生产设计、分段构件放样、材料定额估算及托盘管理配套的依据。

　　③确定船体建造计划、生产准备、生产路线和劳动组织安排的依据。

　　④确定建造场地安排和运转的依据。

　　⑤确定船体装焊作业程序和衔接进度的依据。

　　⑥确定开工前的重要生产技术准备和工装配备的依据。

　　总之,船体分段划分不仅是建造方法、装配工艺、起重机能力、平台周转、船台装配工艺、舾装工艺等综合考虑的结果,还是编制船体装配作业流程的依据。因此分段划分的好坏直接影响着装配工艺实施和装配计划的控制,是船厂建造装配水平的核心体现。

　　2.船体分段划分原则

　　(1)分段最大质量原则

　　①分段总重＝结构净重＋焊接材料质量＋舾装件质量＋油漆质量＋辅助工装质量(包括脚手眼板、吊环等);吊车安全负荷＝分段总重＋起吊工具＋附件质量。

　　②分段划分时最大质量控制在吊车安全荷重内。

　　③分段划分时最大质量不得超过平板车最大安全荷重。

　　④有时为了施工工艺和分段制造场地布置,分段翻身超过吊车起重安全负荷时,可以采用落地翻身,但分段质量要小于1.5吊车安全荷重,以防止产生冲击力使吊车超重。

　　(2)原材料主尺度原则

　　①根据我国钢厂配套情况,分段主尺度尽量采取同一长度,尤其是平行舯体部位。分段长度＝钢板定尺长度－切割余量－装焊补偿值－其他工艺补偿值(包括切割误差、装配误差、不直度等)。

　　②尽量不超过船厂生产要素决定的最长板原则(由预处理线、吊车质量、平面分段流水线规格等决定)。

③尽量不超过钢材生产厂商生产要素决定的最长板原则(由厂商能提供的最大规格、最大重量决定)。

④要综合考虑最长板材对分段质量、对总组和搭载吊车利用率的影响。

(3)船体结构强度原则

①环形接缝应尽可能避免布置在船体总强度或局部强度的受力位置,如船舯、船梁剖面突变处以及每一肋骨间距的中点。

②结构应力集中的区域,如甲板大开口(货舱口)的角隅、上层建筑的末端、主机基座纵桁末端、双层底向单底结构过渡的部位(与分段接缝距离应超过一挡肋距或纵桁间距)、机舱海水箱等,应避免布置分段接缝。

③对纵骨架式的船体,应尽可能减少横向分段接缝的数目;为保持一定的长度,必要时可将分段作纵向划分。对横骨架式的船体,一般尽可能减少纵向划分,以保持结构的连续性。

④外板开孔处不宜设接缝,若必须设置时,接缝应通过开孔圆心或直边部分。构件人孔附近设置接缝时,应距孔边 1/3 直径以上。

⑤分段接缝应尽可能选择在结构原有板缝或节点零件(如肘板)的连接部位。尽量使分段的长度与结构强度要求的分布区域相匹配。

⑥分段应具有足够的刚性,以避免因焊接、火工校正及翻身吊运而引起较大的变形。

(4)施工工艺合理性原则

①尽量扩大平面分段流水线的范围和数量。

②分段接缝布置的合理性

a.分段接缝一般要求布置在平直和线型变化缓和的部位,过圆弧切点时要求延伸到直边。

b.分段大接缝应尽量将板材和骨架在同一平面切断。

c.分段横向接缝一般尽量控制在 1/4 肋距处,为控制焊接变形和减少散装件,避免设置在肋距中间和两端出现。

③分段的划分应考虑装配和焊接的方便性。尽量在大接缝处创造比较良好的操作空间,同时考虑舾装、涂装的方便性。分段尽量形成开敞式,以便出砂、搭脚手架,检查和涂装作业等。

④分段的划分应有利于最大限度地采用自动和半自动焊接。为此船体平行舯体以及平直部分的分段尺寸,可划得大些,艏艉部位曲型较大的分段则可划得小些。同时,曲度较大不能采用自动焊的部分,应尽可能不要与平直部分划在同一分段内。

⑤单一产品的分段,应尽可能利用结构上的特点,减少或简化制造分段所需的工艺装备(如胎架、加强材等)。

⑥关键节点尽量在分段制造过程中得到控制,以减少分段变形,从而避免总组和搭载造成返修。

⑦对同类型结构,如横向封闭型结构(如边水舱、双层底)、甲板或舷侧的平面板架结构等,应尽可能采用统一的划分方法。

(5)均衡生产原则

分段划分的分段数量应考虑工厂的劳动组织及场地面积。尽量使不用的装配工序作业量的平衡。若平直中心生产能力较大,而曲面中心、船坞较紧张时,则可划分较多的平面分段(如散货船顶边水舱,可划分为甲板、舷侧及内斜侧三个平面分段),减少密闭区域内和高空脚手架上作业,将平面分段合成立体、半立体分段或总段,然后吊上船坞安装,以利劳动力的展开和船坞周期的缩短。

(6)其他设计原则

①有利于快速搭载原则。主要考虑定位时间短、定位容易、最大限度利用起重设备。

②减少舱室涂装破损原则。

③有利于扩大预舾装和减少合龙管数量原则。

④有利于精度控制原则。

⑤安全施工原则(包括减少高空作业,减少狭小舱室作业,减少辅助工装设置等)。

3.船体分段划分方法

(1)船体底部

①分段长度

根据船舶类型、加工设备和使用的钢板规格,一般未经改造的船厂尽可能取 10 ~ 12 m,大型船舶取 15 ~ 22 m,在起重能力受限制时,大中型船舶也可取 8 ~ 12 m。

②分段的纵向划分

中、小型船舶一般不做纵向划分,大型船舶的底部为纵骨架式时,采用纵向划分,以减少纵向构架的对接接头,并有利船台装配时调节分段的高度和半宽,但对机舱尾部分段多为横向肋板结构,应尽量避免做纵向划分,以减少对接工作量。

划为左右两个分段时,分段纵接缝位置应在桁材附近;划为左、中、右三个分段时,分段纵接缝位置应在旁桁材附近,同时接缝处的结构应呈梯形布置,如图 3 - 2 所示。

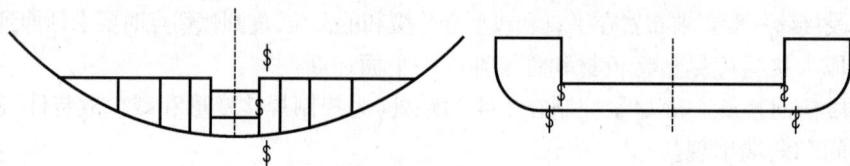

图 3 - 2　底部分段纵向断缝

③机舱底部分段的长度应满足主机基座面板接头不超过两个以上分段,以减少船台对接接缝处于循环滑油舱、隔离空舱的狭小环境中操作时间。

④分段的横向划分

底部分段接缝处的外板、内底板及骨架以采用平断面型接头为宜,如图 3 - 3 所示。

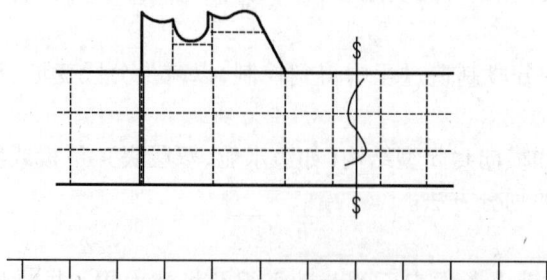

100

图 3 - 3　底部分段横向断缝

艏、艉及机舱区常有变高度的双层底分段,其纵桁材变断面应划入一个封闭分段内,但多是以短纵桁连接为准。

⑤分段高度的划分

不论是正造还是反造的双层底分段,其与舷侧分段的接缝位置,都应高出内底板 100 ~ 150 mm,以利于边舱分段或舷侧分段的安装和施焊。见图 3 - 4。

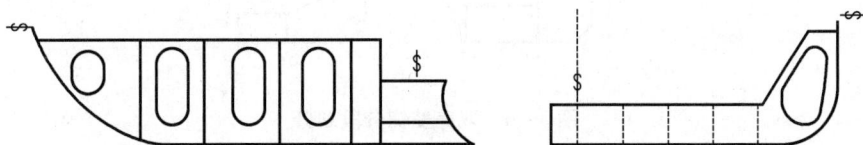

图 3 - 4 底部分段高度断缝

(2)船体舷侧

①分段长度

靠近艏部、艉部及机舱区,由于曲型变化较大,其长度一般与底部的环缝不是平断面形。而货舱区船舯平直部分其长度与底部分段边水舱分段长度应一致,形成环焊缝和平断面形,如图 3 - 5 所示。

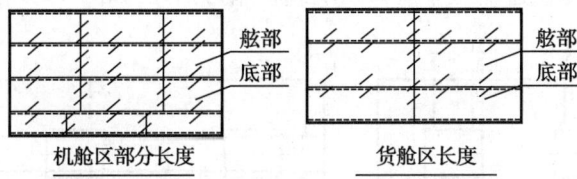

图 3 - 5 舷侧横向断缝

②分段的横向划分

分段的端接缝应尽量布置在曲率变化较小的部位。分段还应尽量避免跨接在两个底部分段上,以防由于底部分段对接处肋距的调整和收缩而影响舷侧肋板与底部肋板的对准度。

③分段的纵向划分

主甲板以下的舷部分段,在一般情况下应避免做纵向分割。但当舷侧很高时,而舷侧结构又是纵骨架式的双壳舷侧(如双壳油轮、双壳集装箱船都是纵骨架式)可以做纵向划分,且有利于防止分段制造时产生中拱现象,也便于上平面分段装焊流水线上制作,如图 3 - 6(a)所示。

当舷侧带有上、下边水舱时可将边水舱划分成独立的分段,即舷侧、甲板和边水舱的纵向斜底板组成封闭的立体分段,并用纵向斜底板为基面在平台上建造,如图 3 - 6(b)所示。

④分段高度的划分

除上、下边水舱等立体分段外,一般的舷侧分段仅包括外板和横向结构的肋板。如果是纵骨架式的双壳舷侧,一般带有中间平台,则纵向划分线离中间平台和上、下边水舱底板交接处 100 mm。

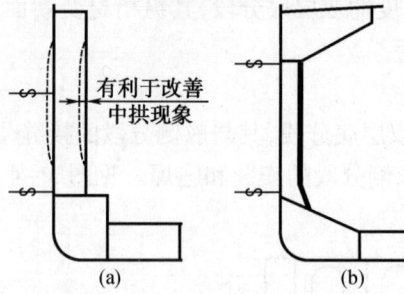

图 3 - 6   双壳舷侧分段划分

（3）船体甲板

①分段长度

对于油轮的甲板长度应与舷侧在同一横剖面,组成"同断面形"的环形端边,至于散货轮的甲板分为边甲板和中甲板,边甲板作为顶边水舱的一部分,与舷侧长度一致。中甲板的长度依舱口而定,但不要跨越顶边水舱。

②分段的横向划分

分段的端接缝应尽量避免位于舱口角隅或将舱口割开,如图 3 - 7 所示。

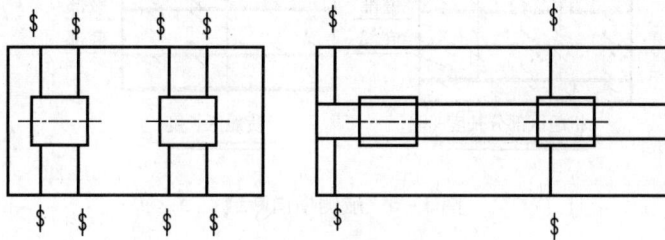

图 3 - 7   散货船甲板横向划分

③分段的纵向划分

横骨架式的甲板结构,一般不宜做纵向划分,以避免将横梁割断,纵骨架式的甲板结构必要时可分为二部分或三部分,如 14.7 万立方 LNG 运气船就是分为三部分(见典型分段划分示图)。当划分为三部分时,其二边的甲板小分段可带入舷侧分段或顶边水舱分段内,以简化甲板分段的对准工作,如图 3 - 8 所示。

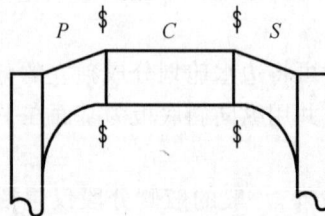

图 3 - 8   双壳甲板分段划分

④分段高度的划分

一般的甲板分段仅包括甲板和甲板骨架——横梁、强横梁及甲板纵桁。当纵骨架式的甲板纵桁和甲板纵骨贯穿横舱壁或甲板分段的长度跨及两道横舱壁时,则可将横舱壁的上部作为围槛板形式划入甲板分段,如原油轮的横舱壁的上部分,而纵横舱壁的上墩座,如成品油轮及散货轮上墩座划入甲板,以增强甲板的刚性。

（4）横舱壁分段

对于大型船舶带上、下墩座舱壁,船壁的高度以墩座为界限划分。舱壁的纵向划分,一般根据边舱分段的宽度而定,划分为左、中、右(即 P,C,S),P,S 带入舷部分段,中部为独立分段,如图 3-9 所示。

对于不带上、下墩座的纵横隔舱壁一般分为两截,上半小截划入甲板分段,下半大截为独立舱壁分段。横壁为连续舱壁,纵壁为间断壁,如图 3-10 所示。

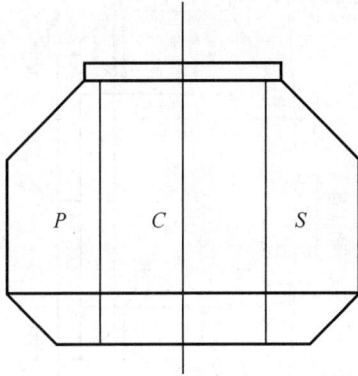

图 3-9 横舱壁分段(1)   图 3-10 横舱壁分段(2)

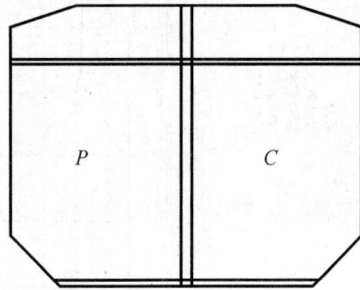

（5）船体艏艉

①艏、艉部分在质量和尺寸允许的情况下,应尽量将分段合成为总段上船台,艏总段的横向接缝设在艏尖舱壁后 3/4 S 处。艉总段的横向接缝宜设在艉尖舱壁前 1/4S 处(S 为肋骨间距),如图 3-11,3-12 所示。

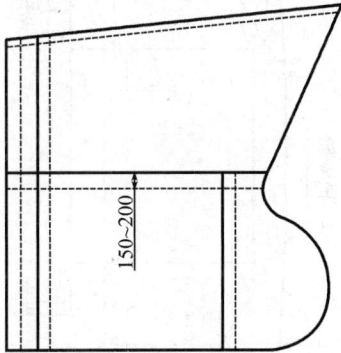

图 3-11 艏部分段划分   图 3-12 艉部分段划分

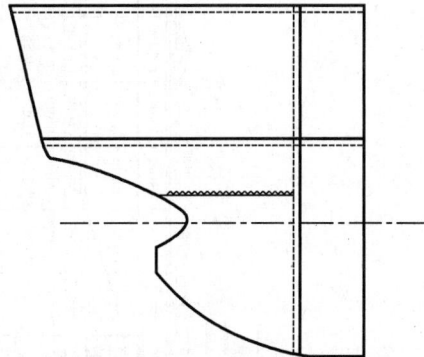

②当艉部划分为一个分段,其质量或尺度超出了分段制造场地的起重能力或尺度时,可将其划分为三个分段,在总组场地上再组合成总段后入船坞(或上船台)。

③艉部的下部,可单独划成带有外板的艉柱小分段。组成既带前后轴壳又带挂舵臂的尾框架小分段。

（6）船体上层建筑

上层建筑分段（包括甲板室）均按甲板层划分。由于其结构较弱，刚性不足，当宽度与长度比较大时，可在横向再划分为若干分段。上层建筑分段通常不作纵向划分。

随着预舾装工艺的发展，当上层建筑分段单独完成后，可在平台区组合成整体，进行铁舾、管舾、电舾及卫生单元整体预舾装。

4. 典型船舶船体分段划分举例

（1）散装货轮的结构特点及其分段划分方法

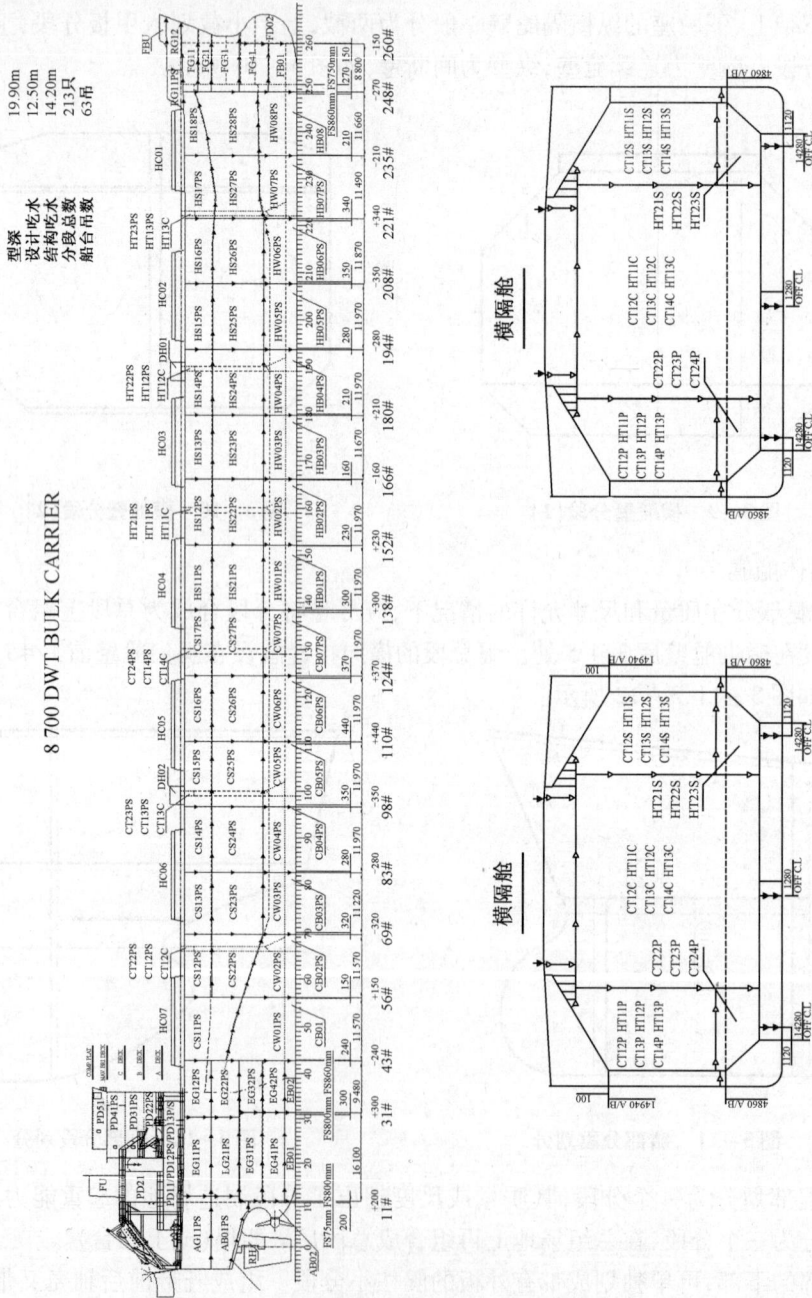

图 3-13　散装货轮的结构特点及其分段划分方法

①散货船船体方型系数大,平行舯体区域长,故可先用大尺度板的分段划分,并且在货舱区长度方向尽量选择同一长度规格的板材。

②散货船属艉机型船舶,其艏、艉区为横向结构,为保证构件的横向连续性,故可选择纵向划分;在货舱尾部与机舱、首部和艏部交界处预留适当的延伸结构,以避免大合龙时艏艉压载舱内的涂层破损;机舱分段划分主要考虑机舱布置和提高舾装完整性。

③货舱区为双底、单壳、单甲板,上、下边水舱结构,分段单位长度质量相差很大,故宜选用横向划分,见图 3 - 14 所示。

④舷侧上、下边水舱为纵向结构,单壳艏部为横向结构,为保证纵向构件的连续性,故宜选用纵向划分,如图 3 - 15 所示。

⑤横舱壁因采用上、下墩座结构,中间舱壁为槽形结构,为保证槽形的几何尺寸,故宜选用水平划分和横向划分,如图 3 - 16 所示。

⑥散装货轮为大开口货舱,货舱四角有加厚角隅板补强,分段之间环形端接缝应避让角隅转圆处,但为保证钢材有效使用率,可采用局部避让划分(图 3 - 17)。

⑦货舱内没有纵舱壁,没有水平桁材,也没有平台甲板,故分段划分最适宜端缝一刀齐的划分形式(图 3 - 18)。

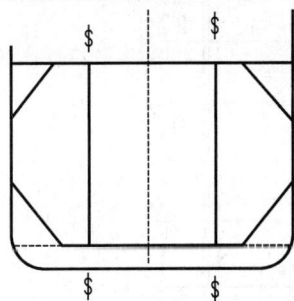

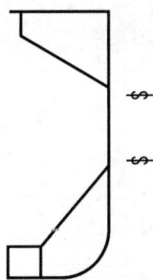

图 3 - 14　货舱区划分　　　图 3 - 15　舷侧上、下边水舱划分　　　图 3 - 16　横舱壁划分

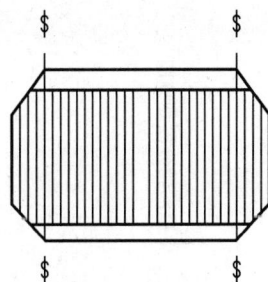

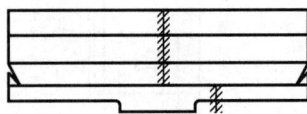

图 3 - 17　散装货轮划分　　　　　图 3 - 18　货舱内的划分

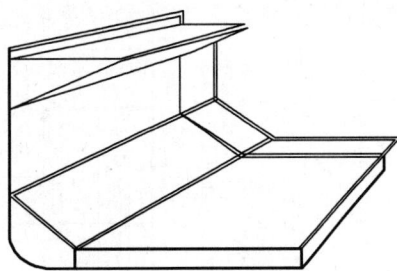

(2)油轮的结构特点及其分段划分方法

①不论原油轮或成品油轮,其方型系数均较大,平行舯体区域长,分段长度受液舱长度限制的因素小,只要考虑钢板的常规尺度,就可决定分段的划分。

②油轮属艉机型船舶,机舱为多层甲板结构,前部两侧有深油舱,二甲板二侧有油柜,分段划分应考虑舱柜的完整性。

③货油舱后部有污油舱和隔离空舱,空间较为狭小,故分段环缝不宜设在污油舱内隔离空舱内,而应布置在货油舱内。

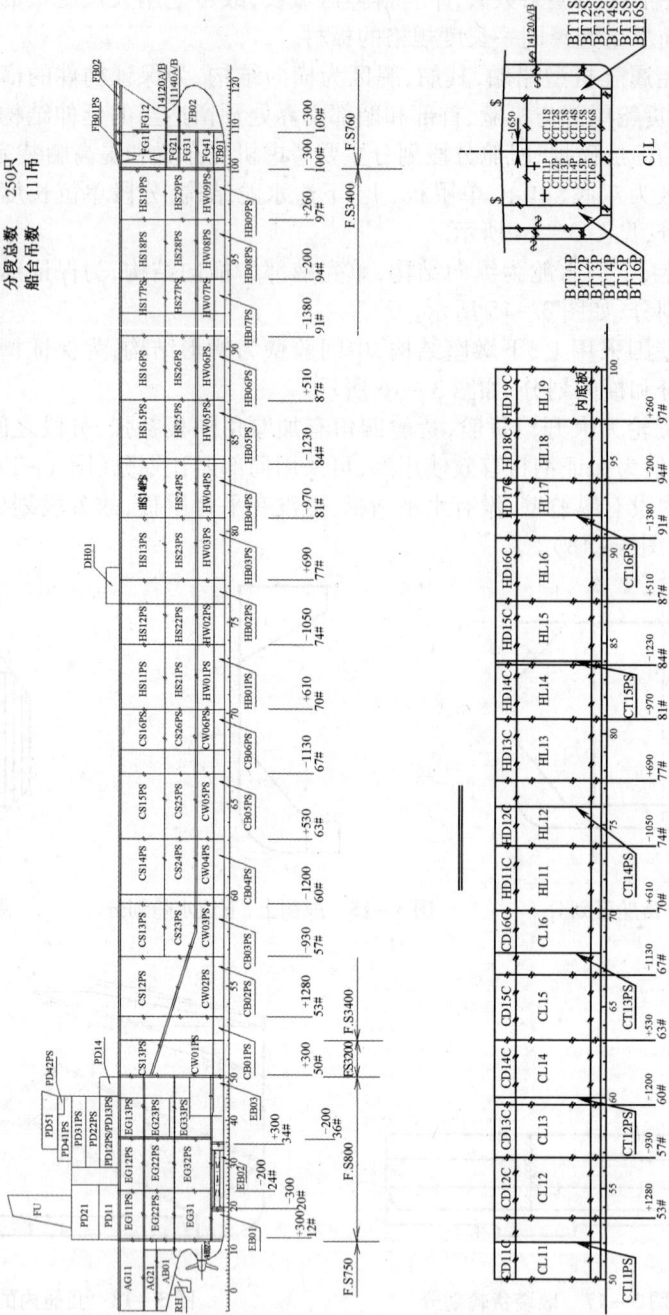

图 3 - 19　油轮的结构特点及其分段划分法

④油轮为了减小液舱的自由液面设有纵舱壁,制荡舱壁及水平制荡平台,故这些舱壁应封闭在一个分段内,以避免形成过多的散装件。(图 3 - 20)。

⑤货油舱区为双底、双壳、单甲板,纵骨架式结构,底部带边水舱,双壳舷部带顶边甲板,故宜于采用横向划分分段(图 3 - 21)。

⑥油轮主甲板无货舱口,故将全宽型甲板与双壳区域划一部分为边甲板,在边甲板与中心主甲板连接处,横梁与甲板板应错开一段距离,不至于嵌插主甲板时造成困难。

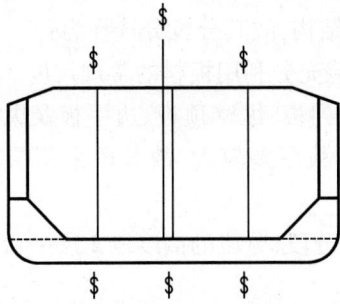

图 3 – 20　油轮舱壁

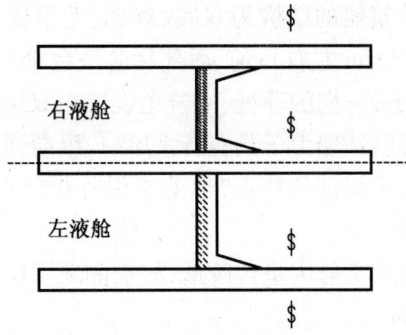

图 3 – 21　货油舱分段

（3）集装箱船的结构特点及其分段划分方法（图 3 – 22）

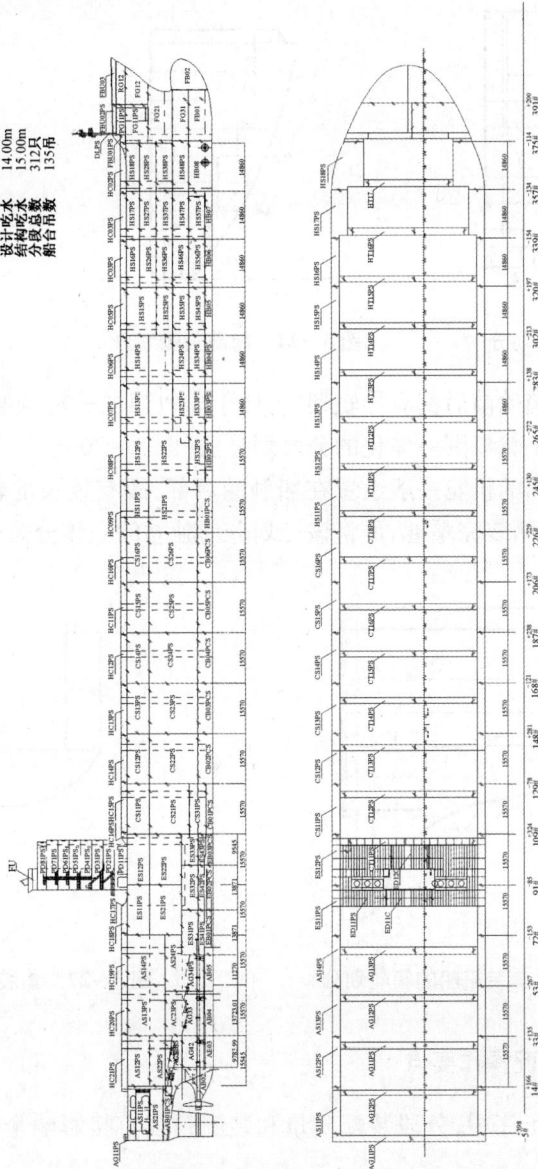

图 3 – 22　集装箱船的结构特点及其分段划分方法

集装箱船的结构为双底、双壳、无甲板;货舱区平行舯体较短,仅为 40 英尺[①]集装箱的长度(约 13 m 左右);前、后部货舱呈台阶形布置,纵向结构,故其分段分选择为:

①船长方向的环缝,应避免设置在双层舱壁内,并能充分利用板材的常规尺度。

②集装箱船由于具有特大舱口,纵向强度须由舷顶列板、纵壁顶板、边甲板及纵舱围的板厚增大来保证的特点,也就是说外板、纵舱壁列板的板厚差较大,故分段采用层式划分(图 3 - 23)。

③前部货舱因呈台阶形,故舷侧采用层式立体划分分段,分段的高度以 2 层平台为最佳(图 3 - 24)。

④舱底为纵向结构,且集装箱箱脚要求舱底平面平整,故选择纵横混合划分法(图 3 - 25)。

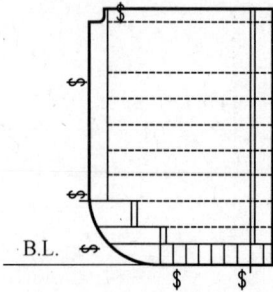

图 3 - 23　集装箱船划分　　　图 3 - 24　前部货舱划分　　　图 3 - 25　舱底划分

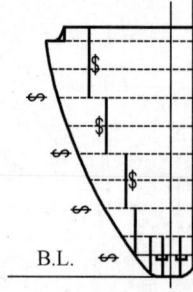

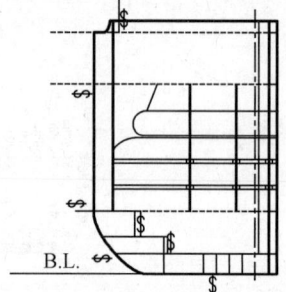

⑤集装箱船的箱舱前后都有导轨架,为便于导轨架的分离预装要求,舱壁分段,应选择舱壁 + 横向抗扭箱 + 舱口围一体化的分段划分法(图 3 - 26)。

⑥由于集装箱船的机舱一般设置在船舯的后部,故有较长的轴弄(轴隧),且从箱舱舱底通过,考虑到轴弄舾装完整性,可将该处划分为独立的立体分段(图 3 - 27)。

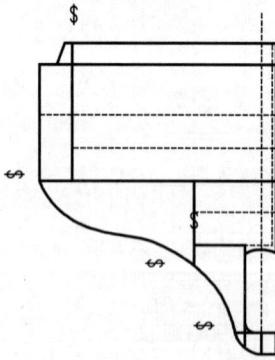

图 3 - 26　集装箱船的箱舱划分　　　图 3 - 27　集装箱船的机舱划分

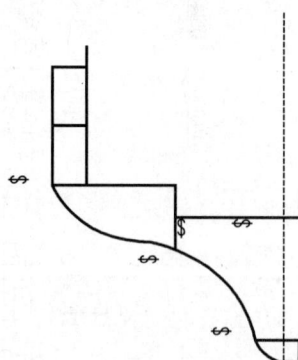

3.1.3　船体装配操作要点

在所有的装配工序中,分段装配质量和装配精度直接影响全船的质量和进度,而装配

---

①　　1 英尺 = 0.3048 米。

质量和装配精度的控制离不开以下几个操作要点。

1. 装配要领

无论是部件装配(中组件),还是分段装配、总组与搭载,如果遵守一定的操作规程,往往能起到事半功倍的效果。装配要领是指引我们从事装配的基础,主要从以下几个方面进行考虑:

(1)选择合理的基准面;

(2)选择合理的装配程序,在零件装配中无障碍;

(3)选择合理的焊接程序和方法,特别考虑焊接操作的难易程度和高效性;

(4)尽量减少翻身次数;

(5)尽量方便扩大预舾装。

不同的基准面带来不同的装配程序、焊接方法;不同的焊接方法选择也会产生不同的装配程序,产生不同的吊装次数;预舾装的时机也非常重要,直接影响着装配效率和质量。一般在选择装配基面时,往往考虑将平面面积大的、稳性好的板材作为装配基准面,例如:散货船底部双层底分段选择内底板为基准面、舷侧分段选择外板为基准面、甲板和首尾立体分段选择甲板为基准面。

2. 装配用基准线

为了使构件能准确地安装到预定的位置,在各个需安装构件的基准面上划有基准线。一般作为装配的基准线有肋骨检验线、水线、直剖线。选择基准线的注意事项有以下几点:

(1)基准线通常情况下布置在分段的中心附近;

(2)前后、左右相关的分段基准线应该相同;

(3)基准线不要与板缝布置重叠;

(4)立体分段一般有完整的肋骨检验线、水线、直剖线。

图 3-28 为散货船的基准线示例。

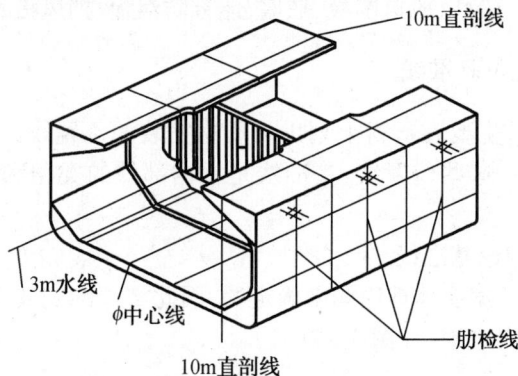

图 3-28　散货船的基准线

在船体中部,在每个分段的长度方向、宽度方向和高度方向均有连续的基准线,以作为分段之间水平、前后、高低的对合线。在机舱、艉舭立体分段,选择水线、直剖线作为构架的安装定位基准,确保装配精度。

3. 装配精度的控制

船体装配后必须经过焊接才能紧密联系在一起,但是焊接会引起收缩变形,在变形的同时,总会出现尺寸缩短和扭曲。因此,要控制好装配精度,需要对装配作业进行以下处理。

（1）在装配时预先估计好热收缩量,对装配尺寸进行补偿,使完工达到无余量状态。

（2）对热收缩量无法预先估计时,装配在分段某一侧的零部件应预先留有余量,待分段完工后,按分段无余量上船台的要求进行测量、画线、余量切割后上船台。

（3）有少量的分段,在分段制造时某一侧的零部件应预先留有余量,待搭载时先进行画线、切割余量,然后定位。

4. 坡口形状

为了提高分段的精度,就必须进行正确和稳定的焊接。因此,坡口的形状和精度以及固化就成为重要的一点。

坡口的形状有I型、V型、Y型、U型、K型以及塞焊等形式。这些坡口的形状主要根据焊接位置和焊接方法决定的,每一种焊接方法均要求取得船级社的认可。

坡口的形状根据焊接施工方法、自动焊的适用范围而各不相同,坡口的精度和切口尺寸均有严格的界限,在装配时要求结合装配精度采取严格的措施对坡口尺寸、间隙等进行检验和控制,确保按照焊接工艺要求进行。

3.2　部件装配工艺

部件装配作业可以以分段为单位,把零件装配成部件;也可将相同形状、或相同装配流程、相同焊接方法等的部件组成相应的部件装配流水线。

适合于部件装配的部件有如下几种:

（1）环形构件及所有的支撑构件、横材、加强肋骨、加强横梁、垂直腹板、横桁、纵桁等;

（2）双壳结构的纵桁、肋板和平台;

（3）辅机基座及其他设备基座;

（4）箱型梁、起重梁、梁柱、舱口围板、舷墙、船首防浪板、挡风板、艉轴管、锚链管等。

3.2.1　部件装配定位基准线

部件装配过程中,首先要在母材上划出从属材安装的位置线以及各种施工基准线,作为下道工序的作业基准。这些位置线、基准线是根据部件的类型和特征来设定的,常见的有以下四种。

（1）构件厚度定位理论基准线

零件安装基准线是根据船体理论线来确定的,因此零件的安装可以依据部件装配图上注明的理论线和厚度方向来施工(图3-29)。

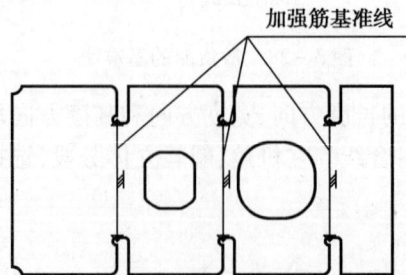

图3-29　加强筋理论基准线

（2）构件位置定位基准线

如肋板加强筋零件端部设置止端线来控制零件的位置线（图 3 - 30）。

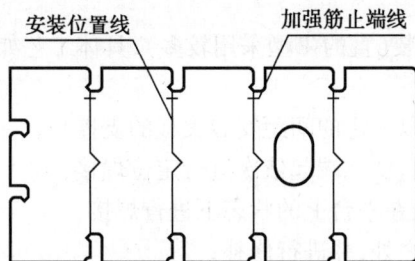

图 3 - 30　加强筋安装位置和止端线

（3）构件外形定型基准线（对合线）

对于需要拼接的较大部件，通常设置对合线作为装配的基准线，同时也作为校验部件装配正确性的依据（图 3 - 31）。

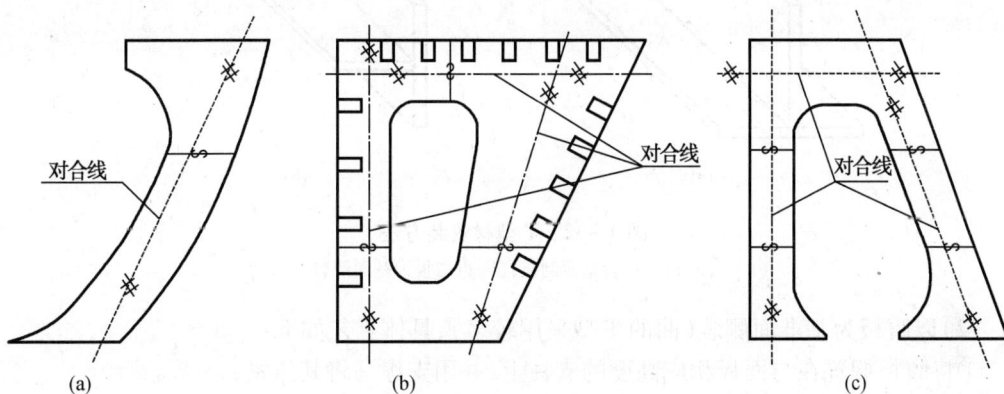

图 3 - 31　拼板对合线

（4）角度定位基准线

一些部件如加强筋、肘板在母材上安装，与母材成锐角或钝角时，一般在母材上标注角度值作为定位的依据。

部件装配质量的好坏，主要取决于画线质量的优劣。一般采用数控画线质量较好。

3.2.2　部件装配定位基准面

由于部件形式各种各样，所以部件装配定位基准面也有不同类型，大致可以按照以下原则选择合理的基准面：

（1）部件的外形有平面也有曲面时，应以平面作为装配基准面。

（2）在部件上有若干个平面的情况下，应选择较大的平面作为装配基准面。

（3）根据部件的用途，选择最重要的面作为装配基准面。

（4）选择的基准面便于部件的装配和焊接以及控制变形。

（5）装配中通常可以先选择多个基准面进行小部件装配，然后再选定一个基准面进行小合龙（中组件装配）。

3.2.3　典型部件装配工艺

1. T 型扶强材

(1)以面板为基准面正装(直的 T 型采用较多),具体工艺如下(图 3-32):

①将面板压在平台上;

②在压紧面板的同时,以一定的间距安装腹板的支撑马;

③将腹板直立在面板上,从一端起依次进行定位焊接;

④用支撑马将面板约束在平台上的状态下进行焊接;

⑤检查咬边、焊接不足之处,并进行修补;

⑥完成焊接后,矫正 T 型材腹板的纵向弯曲、腹板的褶皱和面板的弯曲。

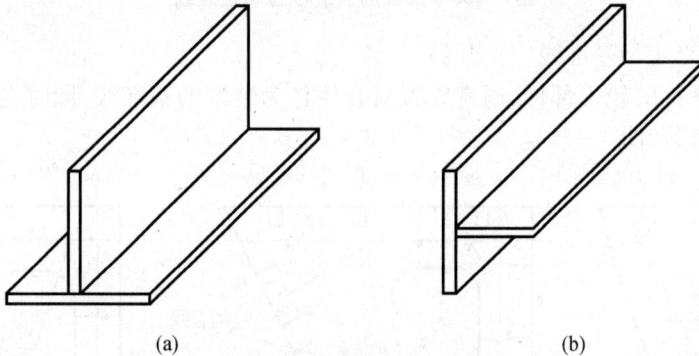

(a)　　　　　　　　　　　　　　　　(b)

图 3-32　T 型材安装方法

(a)以面板为基面倒装;(b)以腹板为基面倒装

(2)以腹板为基准面侧装(曲的 T 型采用较多),具体工艺如下:

①将腹板搁置在与面板相应高度的支柱上,并用支撑马将其压紧;

②在压紧腹板的同时,以一定的间距安装面板的支撑马;

③将面板竖直紧贴着腹板,从一端起依次进行定位焊接;

④进行单面角焊缝焊接;

⑤检查咬边、焊接不足之处,并进行修补;

⑥翻身,进行另一面的点焊、焊接;

⑦完成焊接后,矫正 T 型材腹板的纵向弯曲、腹板的褶皱和面板的弯曲;

⑧对于大型"T 型"材,先按照对合线进行腹板拼板,然后安装面板,如图 3-33 所示。

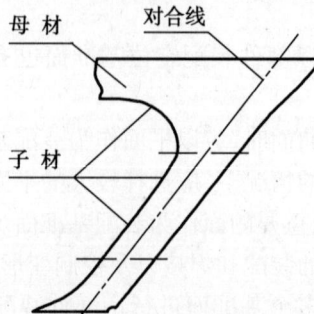

图 3-33　大型"T 型"材

（3）"T"排流水线

对于平直"T"排目前设计了专门的流水线进行生产,主要工位有配材、倒角、自动装配、双面自动角焊、吊离工位等,可以实行自动化生产,如图 3-34 所示。

图 3-34 "T"排流水线

2. 肋板、纵桁和平台等平直部件(图 3-35)

（1）装配顺序

①将拼接的板材放在平台上;

②用错位校正马进行板材的拼接,在焊缝的端部安装引弧板;

③进行板材对接缝的焊接;

④将板材放到与面板高度相适应的装配支架上;

⑤在构件的位置上,临时焊接支撑马,然后将骨架放至装配的位置;

⑥检查各个骨架是否在正确位置上,检验骨架与板材贴合是否良好,符合要求后再进行定位焊;

⑦进行板列与骨架之间的焊接;

⑧翻身,进行拼板焊缝修补和火工矫正。

（2）注意事项

①核对肋板的纵骨缺口的间距是否与图纸相符。核对加强筋安装位置线与纵骨缺口相对位置是否与节点形式相符合。

②加强筋的理论面与安装位置线相吻合。加强筋两端与分段纵骨缺口的空隙必须相等。

③加强筋安装必须垂直于肋板或桁板,定位焊在理论面外。

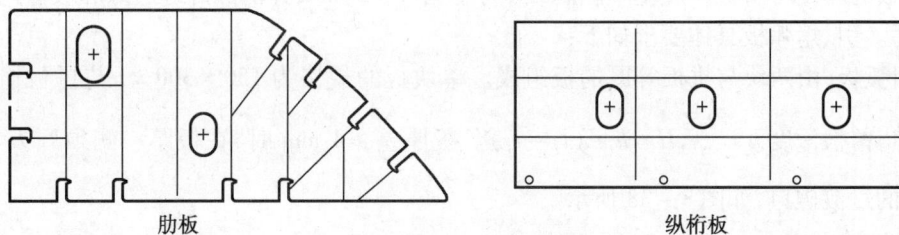

肋板   纵桁板

图 3-35 肋板、纵桁板

3. 大拼板

(1)装配顺序

①配材。在拼板平台上,对将要拼接的板材按照零件清单进行配材。

②排板。根据拼板图,按零件序号、零件的厚度规格和材质牌号对照排列。

③定位。拉拢相邻的二板,使二板上二条距边缘 100 mm 的精度检验线的间距为 200 mm,并保证列板端 100 mm 精度检测线在同一直线上,如图 3-36 所示。进行板间定位焊,定位采用 CO_2 半自动焊或手工焊。定位长度为 50 mm,定位高度为≤5 mm,定位间距为 500 mm。定位焊引弧点应在焊道内,如图 3-37 所示。

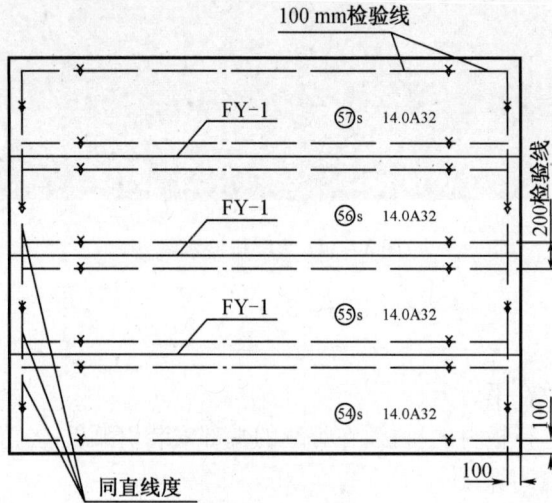

图 3-36　拼板定位

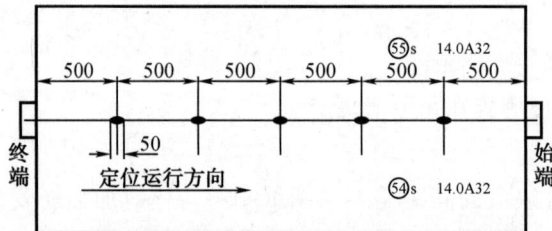

图 3-37　定位焊要求

④安装引、熄弧板。引弧端的引弧板为两块组合型,而熄弧端要求安装弹性熄弧板。引、熄弧板的厚度与拼板厚度基本相同或小于板厚 1~2 mm,并清除焊缝边缘和坡口内的铁锈和油污。引、熄弧板具体要求如下:

a. 引弧板,由两块与拼板等厚的板组成。单块板的规格为 $150 \times 300 \times t$ 与拼板连接一端开坡口,留根深度 $h = \dfrac{t_1}{2}$, $H = h + (t_2 - t_1)$。板厚差≥4 mm 时,在板厚一侧须开 $L = 4 \times (t_2 - t_1)$ 的过渡破口,如图 3-38 所示。

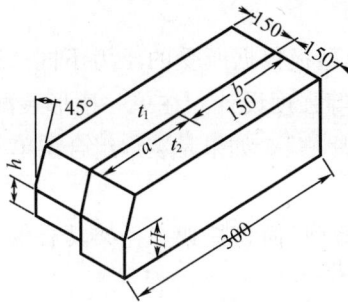

图 3-38　引弧板

b. 熄弧板采用弹性板，外形为 $300 \times 300 \sim 500 \times t$，与拼板连接处开 Y 型坡口，二弹性槽间的熄弧板顺延拼板缝道中心进行刨槽，刨槽长度为 150 mm。见图 3-39。

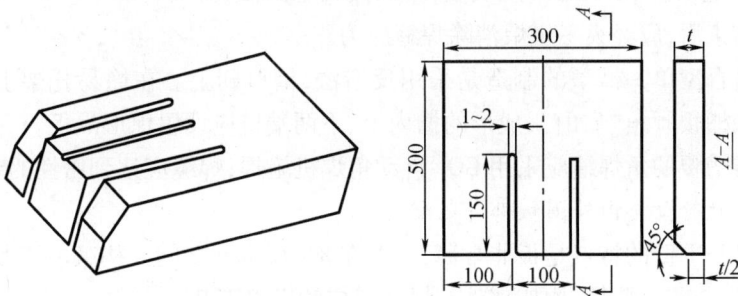

图 3-39　熄弧板

c. 引、熄弧板的中心线应与拼板焊道中心保持同一直线，其底面与拼板底面平齐。

d. 熄弧板的两弹性槽间的中间部分不进行定位焊。

⑤拼板焊接。可以采取单面焊或者双面焊，焊接方式根据拼板厚度、焊接工艺和焊接设备来决定。

⑥翻身焊接。对于采取双面焊接的拼板，要安装翻身眼板，先进行翻身，然后对焊缝进行碳刨清理，最后进行焊接。

⑦火工矫正、完工测量和余量切割。

⑧吊运。将拼接完成的大拼板吊离拼板平台。

4. 槽型部件

纵横舱壁的槽型部件最为常见，结构最合理，受力状况最理想。为了缩短舱壁分段的建造周期，最大限度地发挥生产要素，将槽形舱壁肢解成单一槽型，然后在专用胎架上拼装成部件。槽型舱壁有压制组合型和装焊组合型，单一槽型从工艺角度来说装焊组合型制造较为简便。如图 3-40 所示。

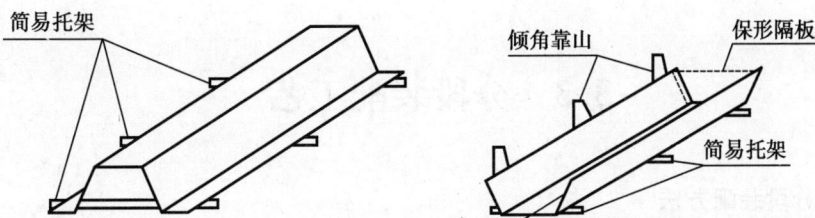

图 3-40　单一槽型部件

装配顺序：

①槽型板横端缝拼焊。槽型板根据所受的压力不同。壁板的厚薄亦不一样。下部较厚、中部较薄、上部最薄，叫做等强度设计。在单一槽形装配前，应将三种不等厚的槽板先拼接再行轧制"工"字形的"半片槽"。如果是装焊组合型单一槽形，同样也应将三种不等厚的槽板先接长进行双面焊接。

②清理场地。制造"单一槽型"简易托架。托架具有保证槽宽、槽深、等腰和槽型直角度的功能。

③二"工"字形"半片槽"的对接缝拉拢是比较困难的，须用螺丝花蓝弱绞紧才能达到规定的空隙要求。

④由于采用 CV - 1 坡口的混合焊接。故在主焊缝的反面须按规定安装 CO_2 门形"马"。对接焊缝的上、下两端口应安装自动焊引、熄弧板。

⑤装焊结束后，应经火工烘煨消除焊缝应力。

⑥装焊组合型单一槽型的制造是采用反造法，槽口朝上。在简易托架上，应划出槽底中心线及设制槽腰倾角"靠山"，成形的槽内上、下两端口应设置保形隔板。

⑦槽底与槽腰的角焊缝应采用 CO_2 自动角焊机施焊，焊缝应达到密性的要求。

5. 其他平直舱壁与内外围板部件装配

平直舱壁与围壁的特点是板非常薄，一般在 8 ~ 12 mm 之间。构架并不复杂，也不须很高的装焊技术，与普通肋板、构架部件一样。但应注意以下几点：

①拼板可以采用单面自动焊。为了控制焊接变形，拼板焊时在焊道两边采取压制的办法控制焊接变形。

②扶强材安装位置线的划制每挡间距须加放 1 mm 的热效收缩值。

③扶强材的焊接应使用 CO_2 保护焊。

④扶强材焊接前壁板的上、下口须用型钢作连续加强。

⑤装焊完工后须翻身进行火工矫正，矫正的范围仅在上、下口 600 mm 范围内，舱壁的中间部分待分段安装后矫正。

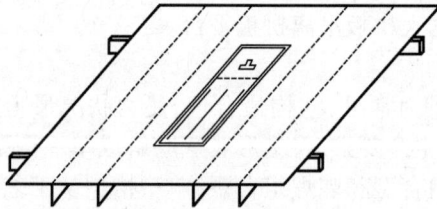

图 3 - 41 平直舱壁

3.3 分段装配工艺

3.3.1 分段装配方法

不同的船型分段划分方式不一样，装配要求和重点控制内容也不一样，因此其分段装配工艺也不一样。然而根据分段的形状,我们总体上可以将分段划为四个系列:平面分段、立体分段、曲面分段和其他特殊分段。

上述每个系列由于各个船厂的生产要素不一样,可能选择的装配方法也不一样。但装配方法基本上由下列三种方法构成。

(1)散装法

是在拼板后的板列上,依次将骨材、纵桁、肋板等内部构架进行装配和焊接的一种方法。这种方法适用于所有的分段,使用非常普遍。散装法也可以分为放射装配法和插入装配法,放射装配法是按照从中间向四周,依次交替装配纵、横构架并焊接;插入装配法是先安装间断的纵向构件,再插入横向构件,最后将连续的纵向桁材插入横向构件中并进行焊接,如图 3 - 42 所示。

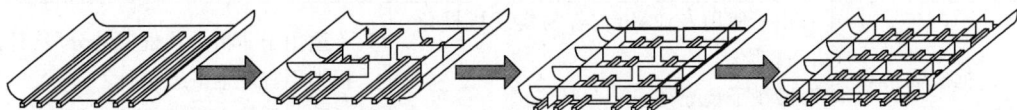

图 3 - 42　底部分段散装法

(2)纵材先装法

是在平面分段流水线上,将纵骨先安装和焊接在板列上,然后安装肋板和纵桁等构件的一种方法。这种方法非常适合平面分段。该方法也称为分离装配法,如图 3 - 43 所示。

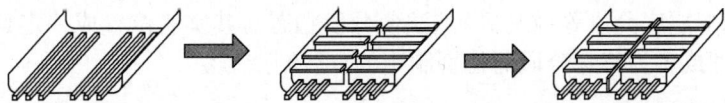

图 3 - 43　底部分段纵材先装法

(3)框架法

在平台上,先将内部构架(纵骨、肋板、纵桁)等装配成格子状的框架,再将框架整体吊装在板列上,使框架和板列焊接成一体的方法。该方法仅使用内部构架能够组装成牢固框架的分段,如图 3 - 44 所示。

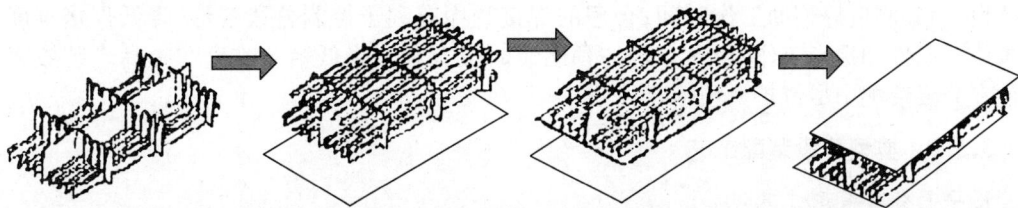

图 3 - 44　底部分段框架法

(4)各种装配法的优缺点,见表 3 - 2。

表 3 - 2　分段装配方法优缺点

装配方法	优　点	缺　点
散装法	1. 能按照一定的顺序安装横材和纵材 2. 对装配平台的要求较低,除对起吊能力有要求外无其他限制要求 3. 从零部件的配材到焊接,能在同一场地进行	1. 每个分段配材效率较低,装配周期较长 2. 机械化、自动化开展困难。尤其是自动焊接的应用
纵材先装法	1. 纵材的安装和焊接能够实现机械化、自动化,装配和焊接效率较高 2. 由于纵桁、横材分开进行,所以它们的配材也是分开进行的,效率较高 3. 作业性好	1. 需要组成专门流水线,装配平台需要较长输送滚轮 2. 横向构件安装没有散装法容易,需要较高的工艺要求 3. 各工序之间要求高度协调
框架法	1. 由于使用专业平台,容易实现机械化、自动化 2. 减少了装配马 3. 容易保证精度	1. 不适用于非格子状框架的分段,且框架不宜产生吊运变形 2. 板列与框架之间协调困难

有些船厂还按照分段装配时的状态或基准面将分段装配方法分成正造法、反造法和侧(卧)造法。正造法实施时使分段状态与其实船位置一样,能保证其外板线型,但是需要制造专用胎架,消耗大量的辅助材料和工时;反造法实施时使分段状态与其实船位置刚好反转,一般在平直胎架上就可以实施,并且只需翻身一次,是目前采用最多的建造方法,譬如甲板分段、底部双层底分段等;侧(卧)造法使分段状态与其实船位置成一定角度,通常是为了改善施工条件或者为特殊分段而特别制定的分段制造方法。

3.3.2　分段装配原则工艺

(1)选择合理的基准面。
(2)制定合理的装配顺序。
(3)制定合理的焊接顺序。
(4)确定合理的预舾装时机。
(5)尽量减少翻身次数。

选择合理的基准面除了方便分段建造外,还有利于扩大自动焊范围,有利于减少脚手架搭设、胎架制造等辅助工作时间;合理的焊接顺序有利于控制分段变形,降低焊接难度、改善施工条件和提高工作效率;合理的预舾装时机有利于降低舾装难度和提高舾装效率,以便在分段装配中尽量扩大预舾装。

3.3.3　典型分段装配工艺

1. 平面分段装配工艺

(1)平面分段散装法(图 3 - 45)

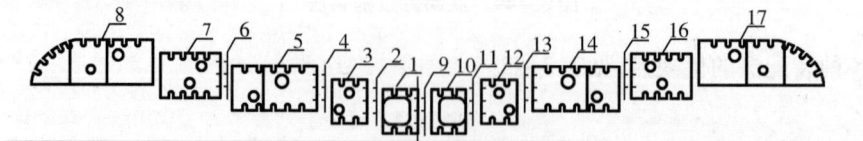

图 3 - 45　底部平直分段散装法

①装配顺序

a. 将拼板后的内底板放到平台上,划好纵骨、肋板和纵桁等的安装线;

b. 依次将纵骨、肋板和纵桁吊装到位;

c. 在各构件进行定位、贴紧的同时,使用铅垂、直尺校验装配情况,然后进行定位焊;

d. 进行纵骨、肋板和纵桁之间的焊接;

e. 进行纵骨、肋板和纵桁与内底板之间的焊接;

f. 进行管子等舾装件的安装;

g. 盖贴外板,并进行外板与纵骨、肋板、纵桁之间的定位焊;

h. 翻身,并进行外板与纵骨、肋板、纵桁之间的焊接;

i. 进行人孔、梯子等舾装件的安装;

j. 焊接检查、修补,结束之后进行精度检查。

②装配注意事项

a. 画线后的板材,要求检查板列的四周尺寸、对角尺寸和构件安装线的精度,必须控制在精度要求范围内;

b. 为防止构件翻倒,构架安装时要安装防倾支撑装置;

c. 要求使用直尺或者铅垂检验肋板、纵桁的垂直度;

d. 定位焊严格按照定位焊间距和长度要求进行;

e. 在翻身时,吊环按照公司的标准进行安装、焊接和充分加强,有时要求根据分段翻身情况安装保护装置对钢丝绳进行保护,以防钢丝绳碰到板列企口;

f. 舾装件在方便安装时集中安装;

g. 分段散装件必须按照要求固定,以防在翻身或吊运过程中脱落。

(2)平面分段纵材先装法(图 3-46)

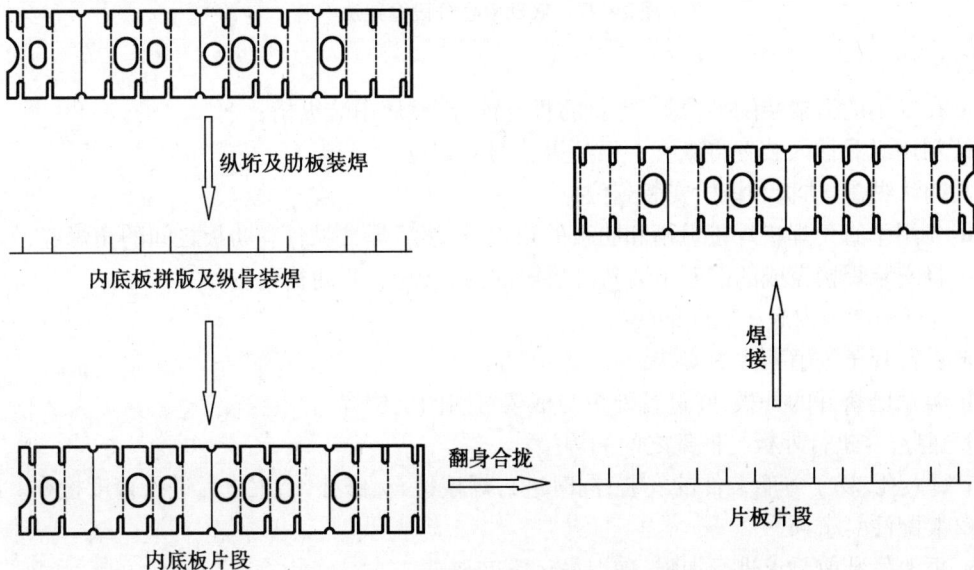

图 3-46　底部平直分段纵材先装法

①装配顺序如下

a.将拼板后的内底板放到平台上,画好纵骨、肋板和纵桁等的安装线;

b.将纵骨吊装到位进行安装;

c.用自动角焊对纵骨进行焊接;

d.将肋板和纵桁吊装到位进行装配焊接;

e.进行纵骨、肋板和纵桁之间的焊接;

f.进行肋板、纵桁与内底板之间的焊接;

g.进行管子等舾装件的安装;

h.先按照 a~c 制成的外底板片段(外板与纵骨),然后与上述内底板片段正态合龙;

i.进行人孔、梯子等舾装件的安装;

j.焊接检查、修补,结束之后进行精度检查。

②装配注意事项

a.划纵骨安装线时应加放纵骨焊接收缩值;自动角焊焊接纵骨时,应采取对称焊,以避免纵骨倾倒,造成下上片段在合龙时出现困难;

b.其他的平面分段散装法相同。

(3)平面分段框架法

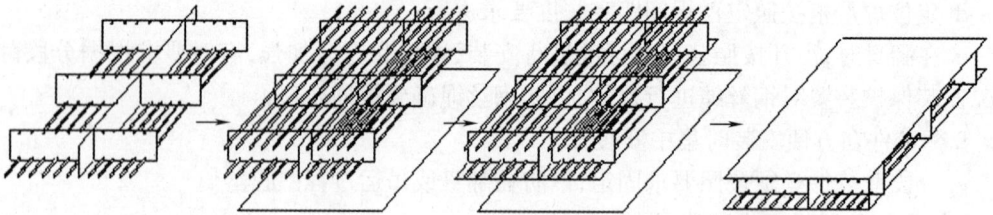

图 3-47　底部平直分段框架法

①装配顺序

a.在专用的框架装配平台上,先将肋板排列好,然后吊装纵桁;

b.利用纵骨插入装置将纵骨一根一根地插入到位;

c.确认纵骨、肋板和纵桁安装到位;

d.先用垂直角焊机焊接纵桁和肋板的角焊缝,然后焊接纵骨和肋板之间的角焊缝;

e.将安装焊接完成的框架吊装到已拼好的内底板上,并调整到位;

f.进行框架与内底板之间的焊接;

g.进行管子等舾装件的安装;

h.盖贴已拼好的外板,并进行外板与框架之间的定位焊;

i.翻身,并进行外板与框架之间的焊接;

j.行人孔、梯子等舾装件的安装;同时进行焊接检查、修补,结束之后进行精度检查。

②装配注意事项

a.框架吊装前要求进行加强,确保吊运不变形;

b.其他的平面分段散装法相同。

(4)有特殊要求的平面分段制造工艺:譬如,有的底部分段为了保证内底板的平整度和外板的流线型,经常采取先片段制造,后正态合龙,但基本方法没有改变,如图3-48所示。

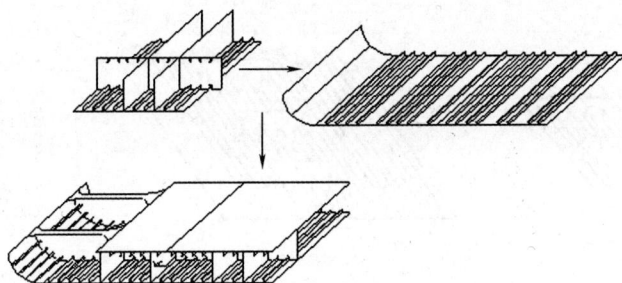

图 3 - 48 底部分段片段制造法

2. 曲面分段装配工艺

(1)散货船顶边水舱分段

①顶边水舱分段散装法

a. 装配流程(以斜傍板为基面散装法)

拼板焊接、部件制造——→斜傍板上胎架铺板、定位、画线——→画线验收——→构架、部件装焊——→预舾装——→甲板安装——→外板安装——→吊环及加强、工装件安装——→翻身施焊——→完工测量——→结构性验收,预装验收——→交船东、船检验收——→以斜旁板为基面侧态上门架喷砂涂装。

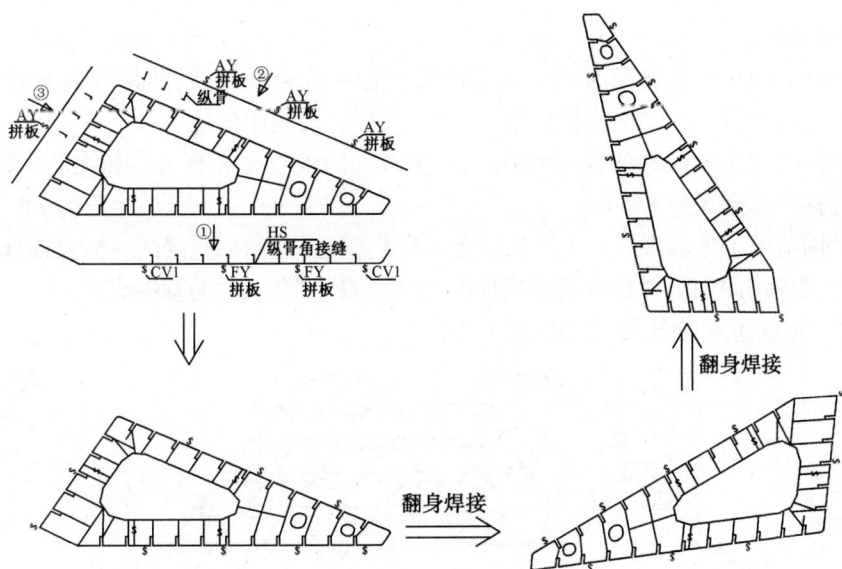

图 3 - 49 散货船顶边水舱分段散装流程

b. 装配注意事项:安装时注意甲板抛势和甲板企口高度。

②顶边水舱分段片段制造法

所谓片段制造法是先将分段肢解成几个片段先行制造,然后以基面进行快速合龙。顶边水舱分段可肢解成甲板片段①,斜傍片段② 及外板片段③进行分别制造,如图 3 - 50(a)、图 3 - 50(b)、图 3 - 50(c)所示,然后以外板为基面进行合龙,如图 3 - 50 所示。

（a）　　　　　　　　　　（b）　　　　　　　　　　（c）

①甲板片段

②外板片段

斜旁片段③

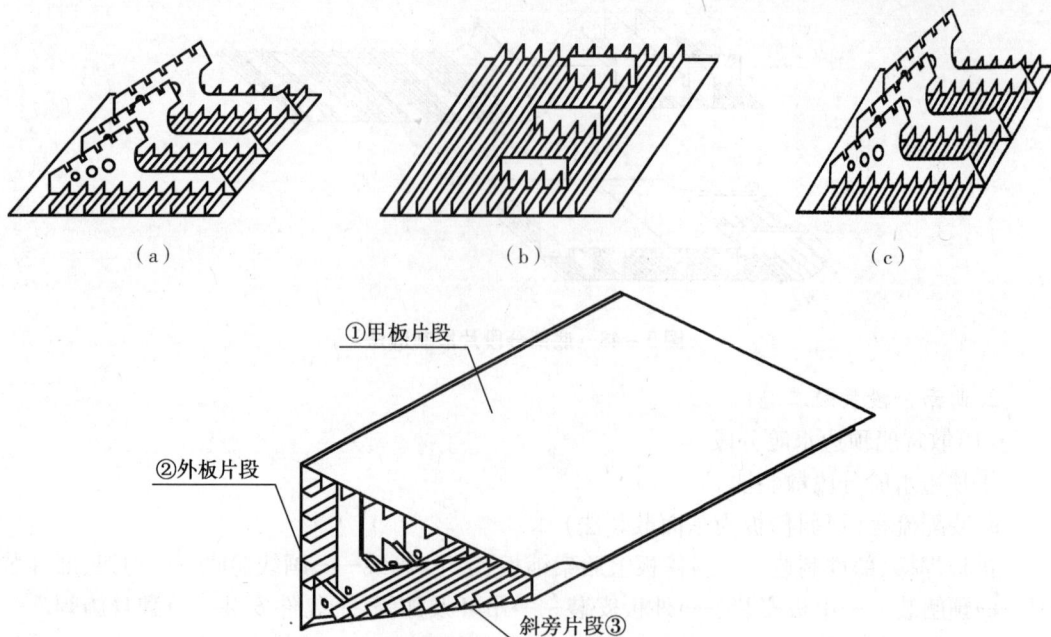

图 3 – 50　散货船顶边水舱分段片段制造流程

装配操作要领

a. 肋骨检验线是片段装配时的公用基准线。各片段合成之后，肋检线应互相吻合，只有肋检线重合，在其首、尾二侧的横向构件，才能保证横向同面度。

b. 要确保横向构架断缝位置的精确度，及接合处的垂直度和高度。如大肋板接合处空隙的均匀性都应达到一致。

c. 片段周边的工艺坡口应完全一致。各片段划制定位线时，应用同一标尺或样棒。

d. 各片段应按图划出对合线或其他辅助线，作为片段合龙时的基准线。

（2）散货船底边水舱分段（图 3 – 51）

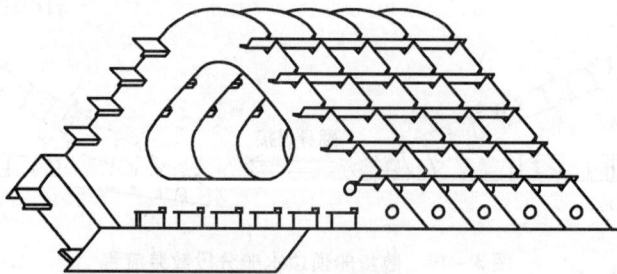

图 3 – 51　散货船底边水舱分段结构

①分段装配流程（以斜傍板为基面散装法）

斜傍板拼焊、修补、部件制造→上胎架铺板定位、画线、余量气割→构架及部件装焊→预舾装件装焊→外板及舭龙骨装焊→吊环及加强装焊→翻身施焊、修补→完工测量→余量气割→结构性验收、预装验收→提交船东、船检验收→涂装，如图 3 – 52 所示。

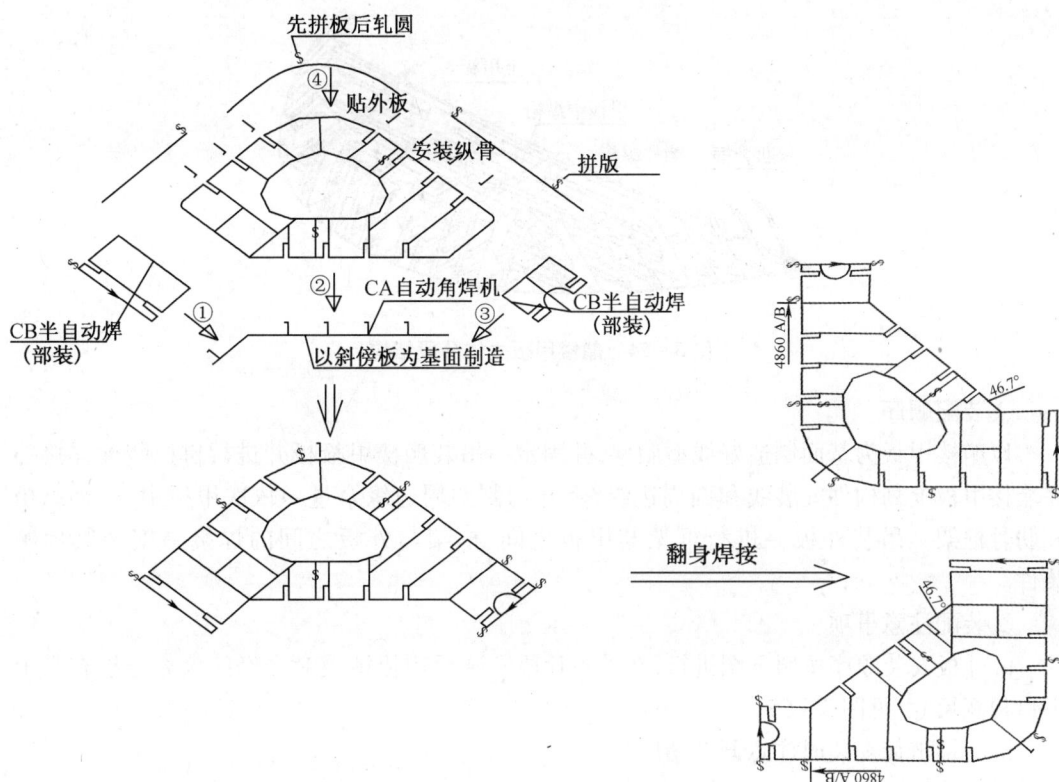

图 3 - 52 散货船底边水舱分段散装流程

②装配注意事项:注意折角板、舭部转圆板和舭龙骨的精度控制,必要时采用样板进行控制。

(3)机舱底部分段

①分段装配流程(以内底板为基面散装法):主机面板加工——主机座结构部件组装——胎架制造(注意加放反变形)——内底板铺板——内底板定位,画线、基座区纵、横构架混合式装焊——基座二侧构架部件混合式装焊——管系和铁舾件预舾装——外板盖板施焊——吊环及加强、工装件安装——分段翻身施焊——完工测量——结构性验收,预装验收——涂装,如图 3 - 53 所示。

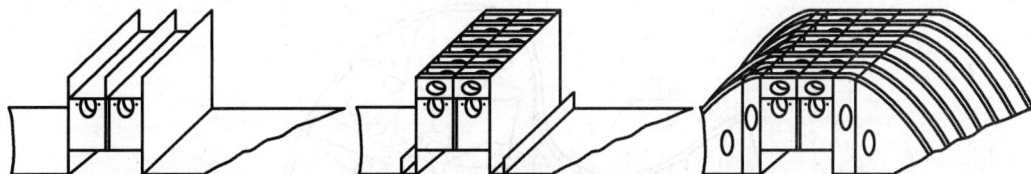

图 3 - 53 机舱底部分段散装流程

②装配注意事项:对于厚板的电焊按照要求进行预热,胎架按照工艺要求加放反变形。

3. 立体分段装配工艺

(1)艏楼甲板立体分段:将甲板小分段、外板小分段合龙成立体分段,如图 3 - 54 所示。

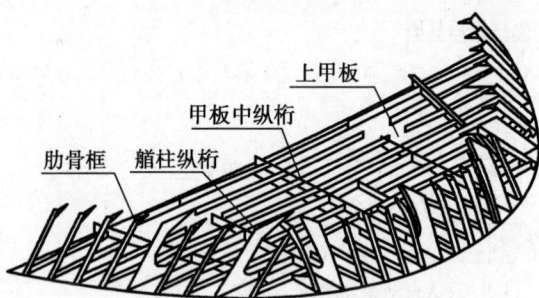

图 3 - 54　艑楼甲板立体分段结构

①装配顺序

以艑楼甲板为基面制造好线型胎架,并固定→吊装艑楼甲板板并进行拼板装配焊接→在艑楼甲板上划构件安装线和四周边缘线,并切割四周边缘余量→依次甲板中、艑柱纵桁和肋骨框架→吊装外板→进行框架与甲板之间、框架与外板之间的焊接→安装其他舾装件。

②装配注意事项

a.外板安装顺序按照下图进行,在外板片段安装后用铅锤或激光经纬仪充分检查其上下口板宽尺寸,见图 3 - 55。

b.有锚链筒安装时注意开孔精度。

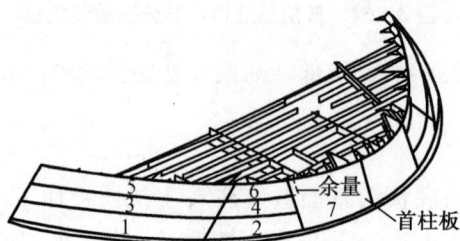

图 3 - 55　首楼甲板立体分段外板安装顺序

(2)球鼻艑分段(以横舱壁为基面散装法,图 3 - 56)

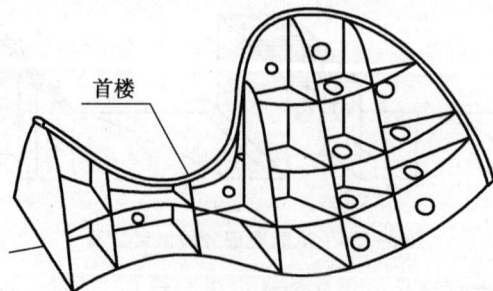

图 3 - 56　球鼻艑分段

①装配顺序

横舱壁拼板及构架画线→交叉安装纵横构架→安装艑柱→焊接→安装艑柱包板→焊

接→装贴一侧外板→预舾装→安装另一侧留空外板→焊接→划制中心、肋检及余量线并切割→吊环及船壳标志装焊→吊离胎架翻身→焊接→结构性验收及提交,如图 3 - 57 所示。

②注意事项

a. 间断构架先装,连续构架后装,纵、横构架采用交叉安装法,头龙筋拼装后可进行构架焊接。

b. 外板安装顺序按照下图进行,板 3 应待板 1、板 2 装配焊好后再装。其中板 1 与内部构架及艏柱包板的接缝在距板 3 对接缝约 500 mm 范围留焊,以免焊后影响板 3 的安装。在外板装焊过程中,须经常检查分段中心线,防止分段变形。外板的正确边须放对肋板上的相应接缝线,以免在各列外板安装板过程中,误差积累,装到最后一列外板时,偏离原接缝位置线距离过大。

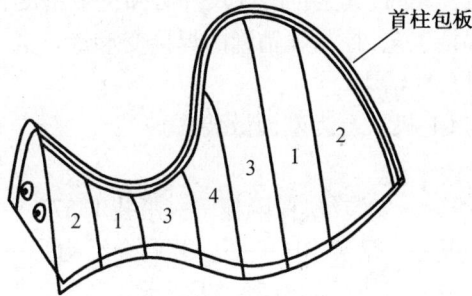

图 3 - 57　球鼻艏分段外板散贴顺序

(3)艉轴分段装配

①艉轴分段装配流程(图 3 - 58)

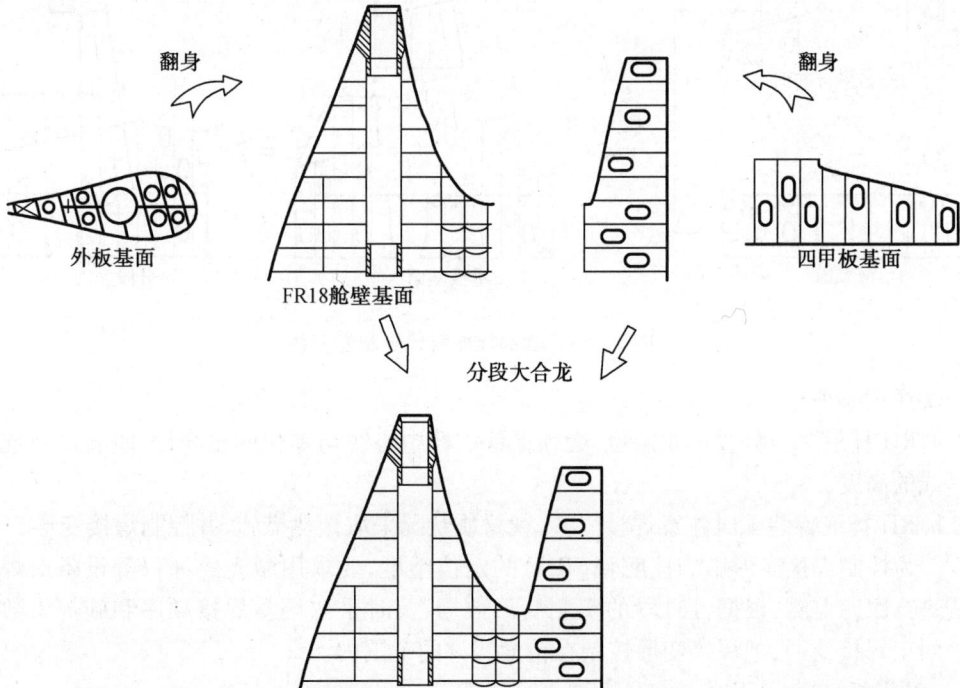

图 3 - 58　艉轴分段装配流程

先分别以侧面外板、四平台板为基面制作小分段,小分段完工后再以 FR18 舱壁为基面进行大合龙,艉轴壳在分段上装焊、泵气结束。

a.平台小分段制造:平台铺板、画线——纵、横构件安装——预舾装——贴外板——焊接——小分段完工。

b.艉轴孔小分段制造:一侧外板铺板、画线——安装一侧纵、横构件——安装艉轴管——安装另一侧纵、横构件——预舾装——盖贴另一侧外板——焊接——小分段完工。

c.分段合龙:在 FR18 舱壁为基面的胎架上——艉轴孔小分段吊装定位——平台小分段吊装定位——安装合龙处外板——安装吊环及加强——焊接——分段完工测量——分段以 FR18 舱壁为基面上门架。

②注意事项

a.艉轴管在分段吊装合龙时,其定位装配尺寸必须提交精度管理组验收。

b.制定专门的分段焊接工艺,控制艉轴管的焊接变形量。

c.艉轴壳在分段阶段泵气结束。

d.艉部挂舵臂分段(以舵机平台为基面散装法)

①装配顺序

舵机平台板铺板、画线——安装纵、横隔板——吊装 13577 平台小分段——安装两侧纵壁——预舾装——散贴外板——吊装 RH ——安装剩余结构——安装吊环及加强——焊接——完工测量——分段反态上门架。如图 3 - 59 所示。

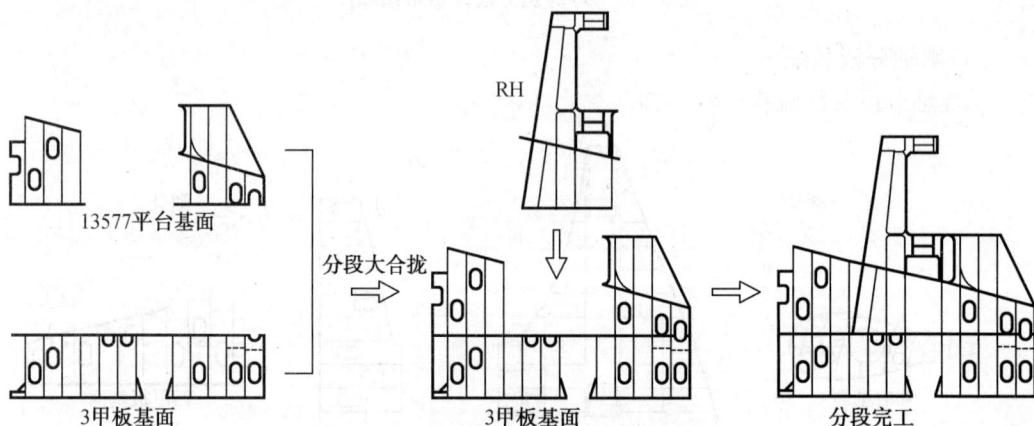

图 3 - 59　艉部挂舵臂分段制造流程

②注意事项

a.RH 挂舵臂与分段合龙定位,必须保证舵杆中心线与零位的重合度、垂直度及舵承座距基线的高度。

b.RH 挂舵臂装配时注意焊接工艺,视材质状况采取预热措施,并控制焊接变形。

c.为控制焊接变形影响挂舵臂(RH)的定位精度,要求用激光经纬仪等设备对焊接全过程进行跟踪监测,根据各时段的实测变形数据,及时采取调整焊接顺序和施焊人数等措施来纠正焊接变形,把焊接变形控制在精度容许的范围内。

(5)甲板分段(以甲板为基面反造)

安装顺序:甲板铺板及焊接→构架画线及切割→构架安装及焊接→结构性验收完工测

量→翻身甲板封底焊及预舾装→火工矫正→无损伤探伤,如图 3 - 60 所示。

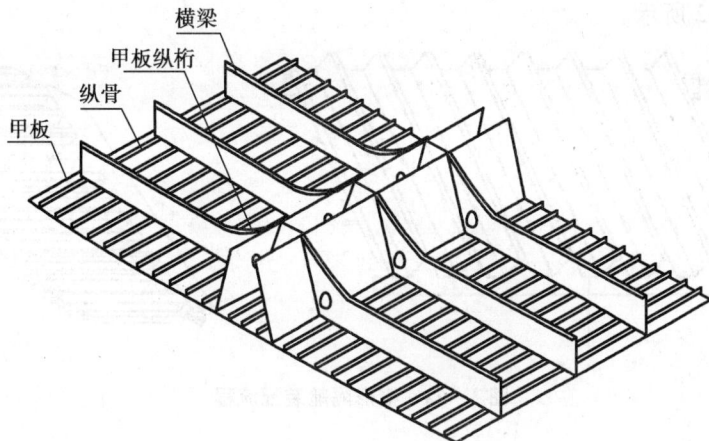

图 3 - 60　甲板分段结构

4. 其他特殊分段装配工艺

(1)上层建筑分段(以甲板为基面反造)

①安装程序

在胎架上吊装顶甲板→焊接→矫正→画构架和围壁安装位置线→切割→安装纵、横构架→焊接→吊装内围壁→吊装外围壁→焊接→画分段中心线、肋骨检验线及定位水平线→预舾装→临时加强,装焊吊环→吊装胎架、翻身、焊接,如图 3 - 61 所示。

②注意事项

a. 所有部件需要火工校正后再参与分段装配;

b. 分段装配过程中临时加强应严格按照工艺进行;

c. 注意焊接顺序和火工矫正顺序;

d. 有些特殊材料的上层建筑分段和专业化制造厂可以采取正造工艺进行上层建筑分段制造,可以确保建造速度和建造质量。

图 3 - 61　某铝合金上层建筑分段正造图

(2)槽形隔舱分段

装配顺序(以压制式槽形隔舱为例):槽形舱壁胎架制造——槽形部件拼接、焊接——画线切割——槽形舱壁下墩安装焊接——槽形舱壁顶板安装焊接——泄谷板安装焊接——

预舾装——→翻身——→另一面焊接并安装泄谷板——→另一面预舾装——→完工测量——→分段上门架,如图3-62所示。

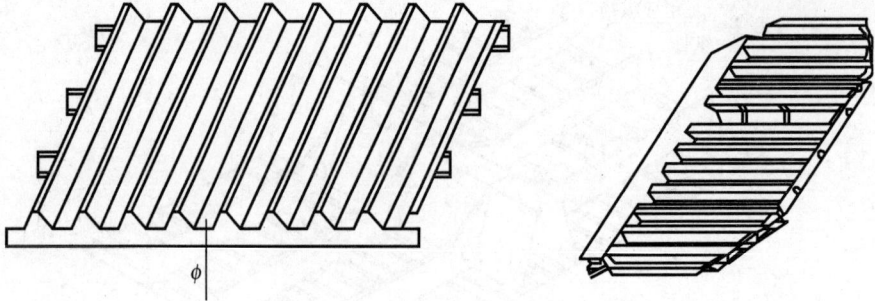

图3-62 槽形隔舱装配流程

(3)舵叶装配

①舵叶结构

舵叶结构由整流帽、舵承座铸钢件、舵叶包板、顶板、底板、水平横隔板、垂直隔板、艉端隔板、导索套管、加油箱盖板及放水塞等组成。

②舵叶胎架制造

a.胎架基准面选取平行于舵中心面的平面,作为胎架基面。它有利于舵叶垂直隔板和水平隔板装配。舵叶在胎板面上的投影显示出舵叶的真实形状。

b.舵叶的理论线,取舵叶包板的外表面为舵叶的理论线面。

c.舵叶胎架基准线面上,须画出外形轮廓线,上、下端线,舵杆中心线,垂直隔板和水平隔板的位置线及铸钢件上、下端的安装位置线,如图3-63所示。

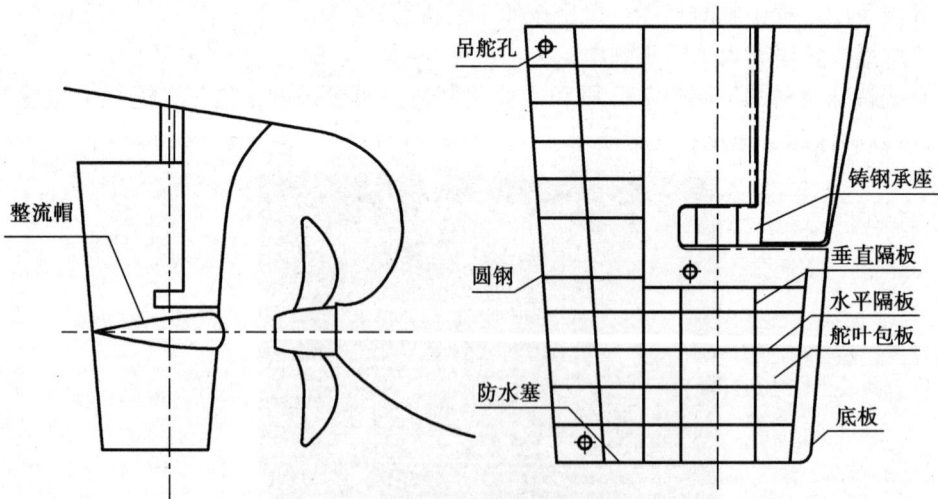

图3-63 舵叶结构

d.每档胎架模板必须铅直,且互相牵拉固定。

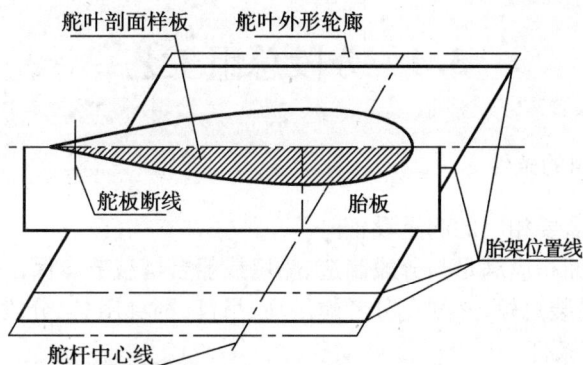

图 3 - 64 舵叶胎架基准线面

③舵叶安装

a. 在水平隔板及垂直隔板的右侧装焊塞焊垫板,在顶板和底板上装焊放水塞,如图 3 - 65 所示。

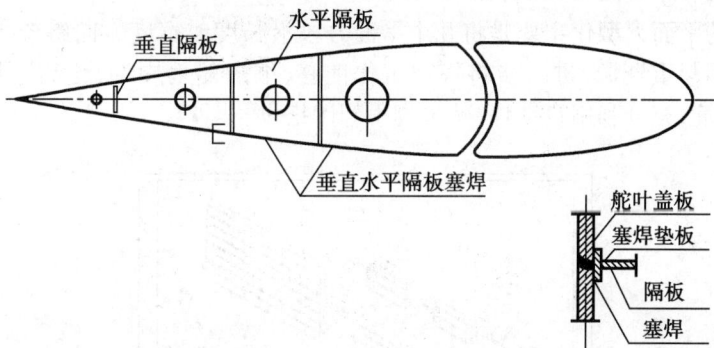

图 3 - 65 舵叶安装示意图

b. 铺设舵叶左侧舵叶盖板,并进行铺板焊接和矫正。

c. 左侧舵叶盖板上画制纵、横隔板安装位置线和铸钢舵承位置线。

d. 安装铸钢舵承座和间断垂直隔板。铸钢舵承焊接。

e. 安装水平隔板及连续垂直隔板和尾端隔板。

f. 水平隔板及连续垂直隔板和尾端隔板施焊。

g. 安装导流边"黄鱼头"包板和塞焊垫板。

h. 舵叶内构架清除垃圾、焊缝探伤及提交验收。

i. 舵叶体内油漆。

j. 贴盖舵叶右侧盖板装配。

k. 舵叶盖板塞焊孔焊接(不须填平,仅须四周角焊)。

l. 吊环安装。

m. 舵叶翻身封底焊。

n. 完整性测量提交船东。

3.4 分段总组工艺

3.4.1 分段总组的条件

(1)总段的吊装需要相应的起重设备。

(2)总组场地的面积应满足与分段制造、船坞或船台搭载节奏保持一致。

(3)为了搬运、吊装总段,必须充分考虑吊马、吊具、翻身用具、分段加强、吊点局部强度校核和大型运输车等条件。

3.4.2 总组的型式

分段总装的方法根据各个造船厂的生产条件和总装工艺不同而型式不一样,但大致可以分四种:一是平面分段的平面大型化;二是平面分段的立体化;三是曲面分段的立体大型化;四是上层建筑的层状装配。

1.平面分段的平面大型化(图3-66)

平面分段的平面大型化主要是将几个平面分段沿长度或宽度方向组合成大型总段,其目的是充分利用起重资源,进一步将搭载工作前移,缩短船坞周期;化高空作业为平地作业,改善作业环境;充分利用自动焊,减少脚手架的搭设。

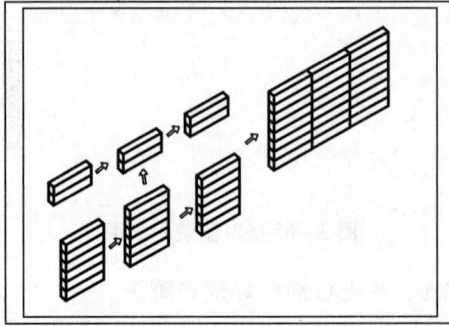

图3-66 平面分段大型化

2.平面分段的立体化(图3-67)

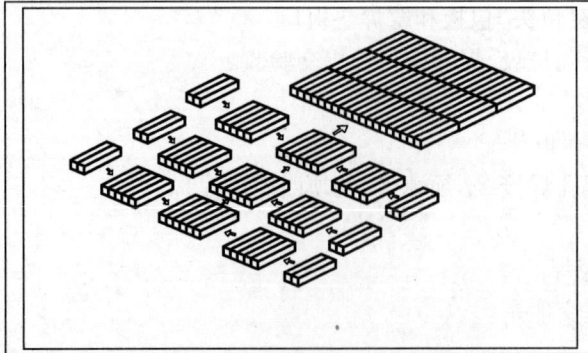

图3-67 平面分段立体化

平面分段的立体化主要将几个平面分段沿长度或高度方向组合成大型总段,其目的是充分利用起重资源,进一步将搭载工作前移,缩短船坞周期;提高总组场地利用率;扩大预舾装,提高总段的完整性。

3. 曲面分段的立体大型化(图 3 – 68)

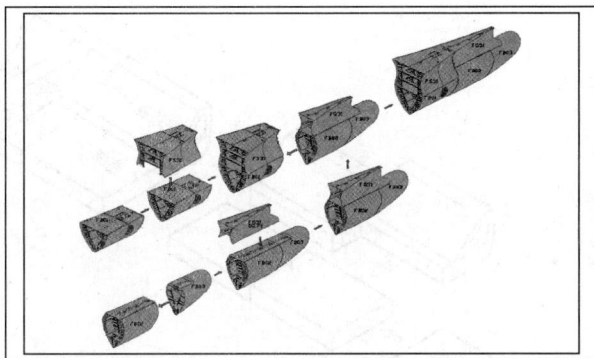

图 3 – 68　曲面分段立体大型化

曲面分段的立体大型化是将机舱和艏艉立体分段组合成大型总段,其目的是扩大预舾装,提高总段的完整性,尤其是影响建造周期的舾装,如锚唇的安装、艉轴孔预镗;减少分段加强,提高总段的刚性,进一步提高总段吊装安全。

4. 上层建筑的层状装配(图 3 – 69)

图 3 – 69　上层建筑层状总组

为了扩大居住区的预舾装,在总组场地上将上层建筑按照层状进行装配,然后对上层建筑进行充分舾装。一方面改善作业环境,提高舾装效率;另一方面采用专用脚手架,缩短辅助施工时间,同时提高下水时的完整性。

3.4.3　总组工艺举例

分段总组工艺基本上是按照总组吊装顺序将每个分段吊装到位,然后依据每个分段的基准线(中心线、肋检线、直剖线、水平线)和对合线借助仪器、设备进行定位。待精度检测符合建造要求后进行分段固定,再开展装配和焊接,对特殊的分段要求采取反变形和过程监控措施,确保总段完工质量和精度。

1. 底部分段总组工艺

(1)总组流程(图3-70)

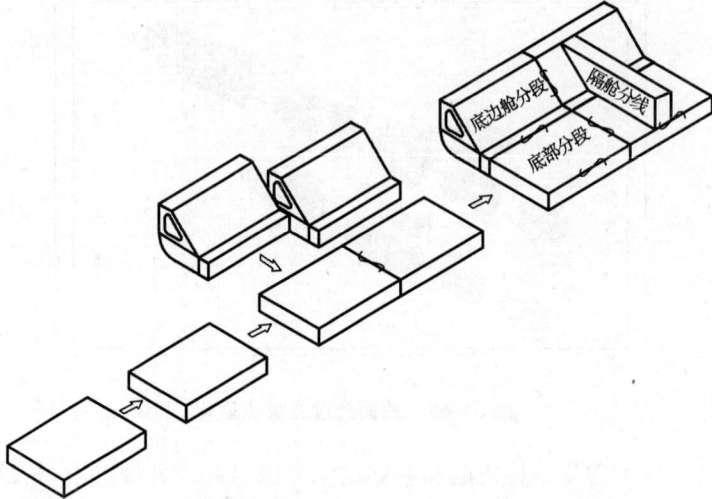

图3-70 底部分段总组流程

(2)总组工艺

①总组搁墩布置。

②按照总组流程进行分段吊装。

③测量分段内底板水平,调节总组搁墩高度值,使分段水平一致。

④调节横向合龙分段前、后位置,使分段肋检线对齐。

⑤调节纵向合龙分段左、右位置,使分段中心线或直剖线对齐。

⑥进行装配和焊接,并完善预舾装。

⑦进行完工测量和完整性检查。

⑧如果横舱壁下墩需要总组在底部分段上,应吊装横隔舱下墩前先在底部分段上画好横舱壁下墩安装线,然后将横隔舱下墩吊装到位,并调节横隔舱下墩平台水平和前、后位置,确保横隔舱下墩前、后壁垂直,横向与船体中心线垂直。

2. 舷侧分段总组工艺

(1)总组流程(图3-71)

(2)总组工艺

①总组搁墩布置。

②按照总组流程进行分段吊装。

③测量分段内纵壁水平,调节总组搁墩高度,使舷侧分段内纵壁水平一致,并检测上舷侧分段甲板抛势值是否正确。

④调节前、后合龙分段上、下位置,使舷侧分段水线对齐。

⑤调节上、下合龙分段前、后位置,使分段肋检线位置正确,前后分段对合线距离

值到位。

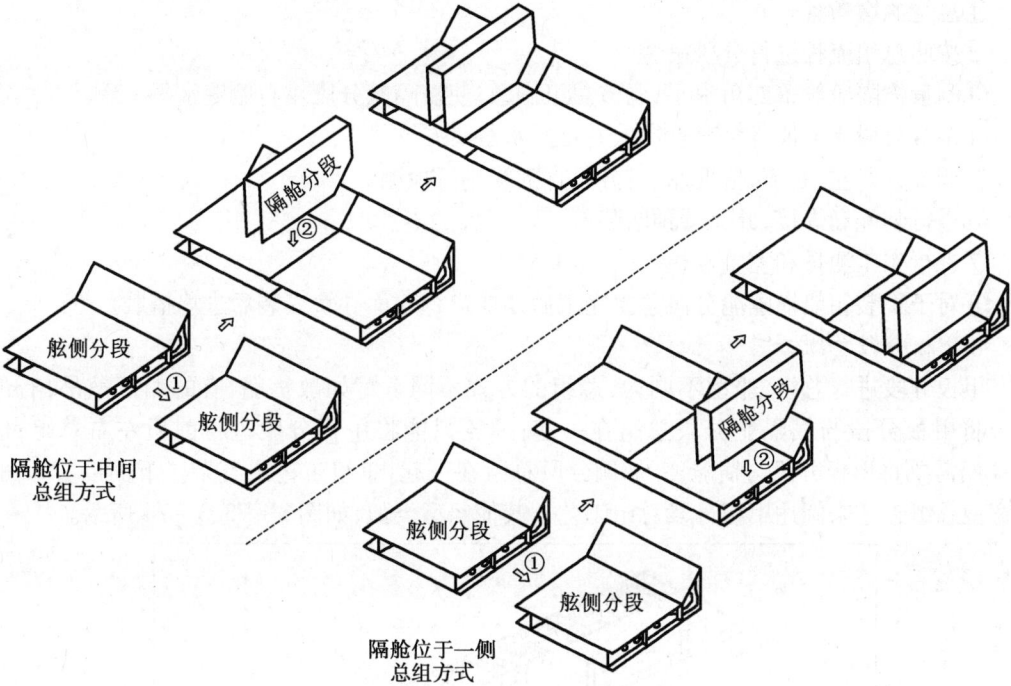

图 3 – 71　舷侧分段总组流程

　⑥进行装配和焊接,并完善预舾装。

　⑦进行完工测量和完整性检查。

　⑧如果横舱壁左、右部分需要总组在舷侧分段上,应在吊装横隔舱时先在舷侧分段上画好横舱壁安装线,然后将横隔舱吊装到位,并调节横隔舱直剖线和前、后位置,确保横隔舱前后壁垂直,直剖线上、下水平。

　3.横隔舱分段总组

　(1)总组流程图(图 3 –72)

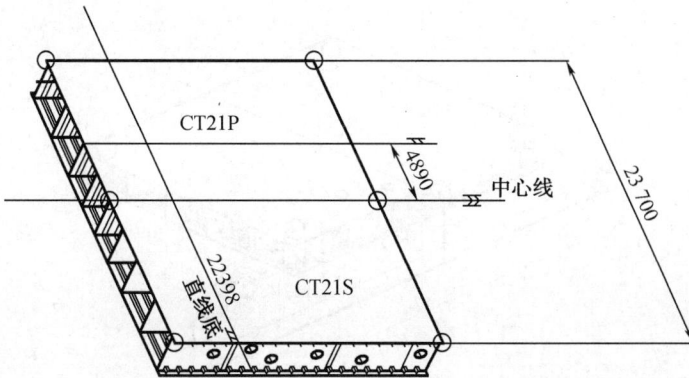

图 3 – 72　横隔舱总组示意图

（2）总组工艺

①总组搁墩布置。

②按照总组流程进行分段吊装。

③测量横隔舱舱壁四角水平,调节总组搁墩,使横隔舱分段左右舱壁水平一致。

④调节分段高度值,使横舱壁左、右分段水线对齐。

⑤调节分段左、右值,依据左、右分段直剖线进行检测。

⑥进行装配和焊接,并完善预舾装。

⑦进行完工测量和完整性检查。

⑧对于集装箱船横隔舱分段总组完工后还要进行双面导轨安装后进坞搭载。

4. 甲板分段总组工艺

甲板分段进行总组,船型不同,其总组的方式不同。譬如散货船,有的船厂散吊,有的船厂将甲板分段与横隔舱分段总组在一起;油轮只能将甲板分段进行前后左右总组;但LNG 船需要将甲板分段与横舱壁、舷侧分段总组在一起,总组工艺最复杂。下面以 LNG 船全宽型总组工艺来阐述甲板分段总组工艺。其他船型类似,如图 3-73、3-74 所示。

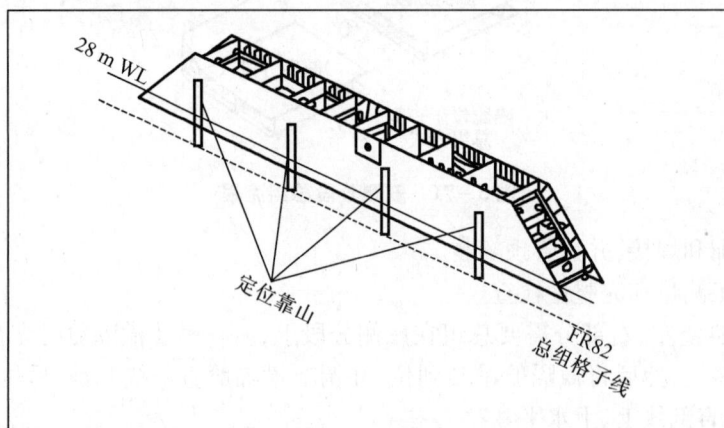

图 3-73　甲板总段横隔舱上墩定位

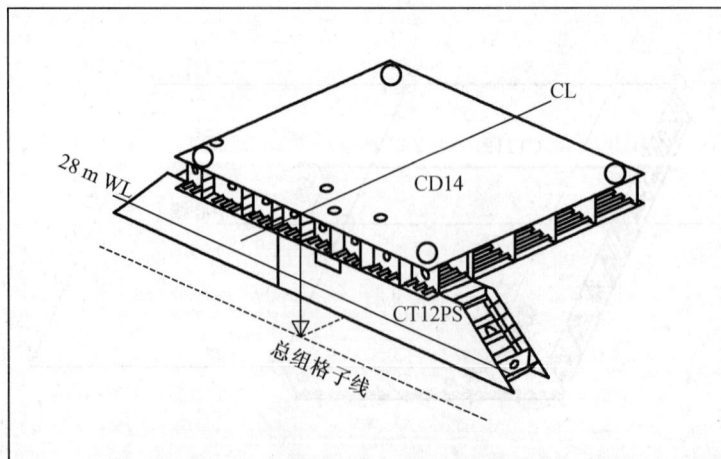

图 3-74　甲板总段甲板吊装到位

全宽型甲板分段总组工艺：

①在总组场地划好底线，包括横隔舱位置线、舷侧分段半宽线等。

②总组支撑工装布置。

③如果甲板总段有横隔舱上墩，应先吊装横隔舱上墩分段，并竖立在横隔舱安装位置线上。先测量和调整横舱壁下墩垂直度，然后利用水线调整横隔舱上平台水平度，最后用支撑工装固定。

④吊装中间甲板分段，先测量和调整甲板分段四角水平，并搁置在支撑工装上。

⑤调整甲板左右位置，使甲板分段中心线、直剖线与横舱壁分段对齐。

⑥调整甲板分段前、后位置，使甲板分段舱壁安装线与横舱壁前后壁一致。

⑦吊装舷侧分段，先调整舷侧分段前、后水平，然后利用肋检线和横舱壁位置线调整舷侧分段前、后位置，最后利用半宽值确定舷侧分段的左右位置，尤其是舷侧分段的下口半宽。如果分段整体吊装出现变形，那么要求在总组时加放一定的反变形，如图 3-75 所示。

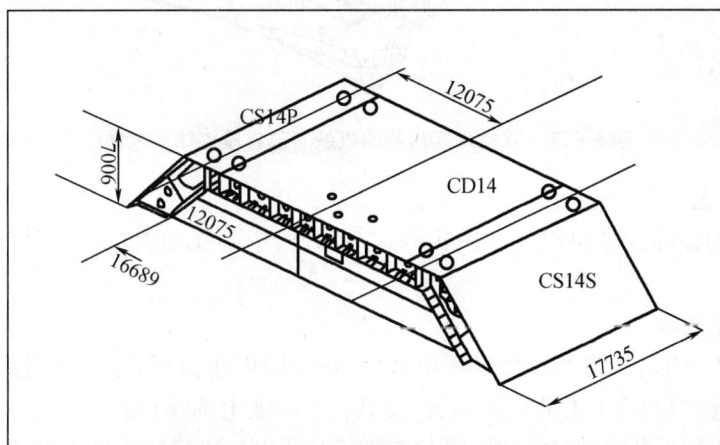

图 3-75　甲板总段舷侧分段吊装到位

⑧进行装配和焊接，并完善预舾装。

⑨进行完工测量和完整性检查。

对于散货船的甲板分段可以与横隔舱中间段进行总组（以横舱壁为基面）。具体定位方式与上述一样。散货船甲板分段与横隔舱总段，如图 3-76。

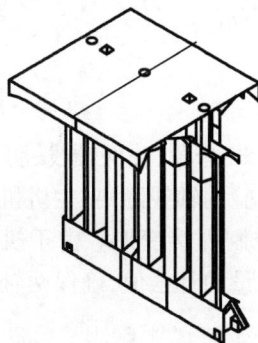

图 3-76　散货船甲板横隔舱总段立体图

5.机舱底部分段总组工艺

机舱底部由于涉及到主机安装,所以机舱底部分段总组的精度直接影响到主机的定位,往往要制定特殊的总组工艺进行控制。有的船舶布置单机单桨,有的船舶布置双机双桨,双机双桨安装要求比单机单桨高一些,因此双机双桨船舶机舱底部分段总组工艺也要复杂一些。下面以双机双桨船舶的机舱底部分段总组工艺进行阐述,单机单桨船舶的机舱底部分段总组工艺可以参照实施,如图3-77所示。

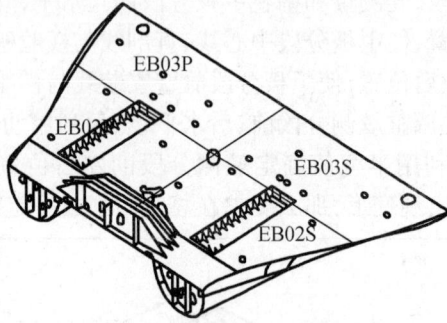

图3-77　双机双桨船舶的机舱底部总段立体示意图

(1)总组工艺

①利用激光经纬仪在总组场地画出两轴线、分段中心线和肋检线,确保肋检线与中心线垂直。

②布置总组搁墩。

③吊装 EB02S 分段,先调整分段四角水平,并测验机座面板水平度;然后调整前后、左右位置,使其肋检线与地上的肋检线对齐,使其轴线与地上轴线对齐。

④用相同方法吊装 EB02P 分段,同时使使其船体中心线与地线是否对齐。

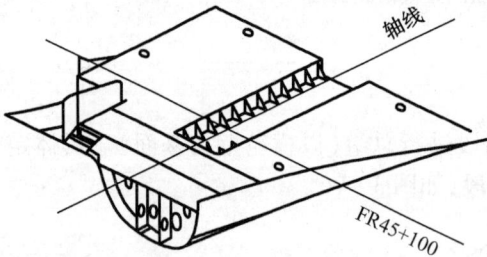

图3-78　EB02S 分段定位　　　　　　　图3-79　EB02P 分段定位

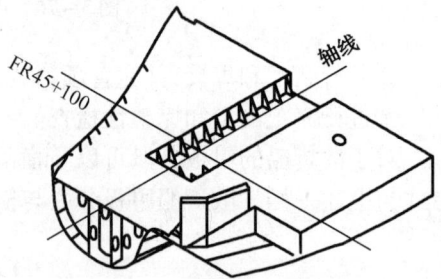

⑤以同样的方式先后吊装 EB03SP 分段,确保轴线、肋检线前后、左右一致。

⑥对所有分段进行装配,最后复验两轴线距离,主机机座面板水平。

⑦进行焊接,并采取适当工艺控制焊接变形。由于机舱底部分段内底板是厚板,焊接时收缩较大,在装配时应适当放一定量的补偿值,确保两轴线距离。

⑧进行完工测量和完整性检查。

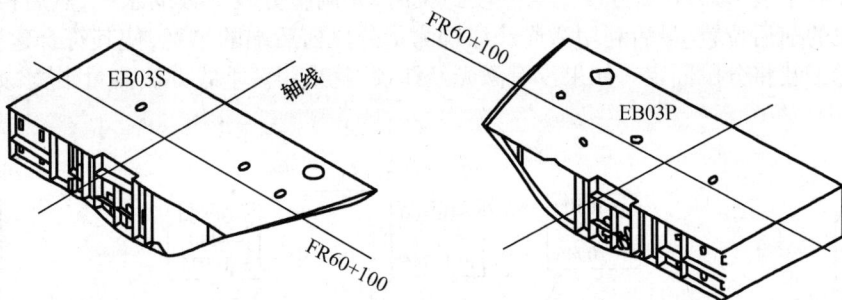

图 3 – 80　EB03S、P 分段定位

6. 轴系立体分段总组工艺

轴系总段由于涉及到轴系后续的施工,因此对总组定位精度提出了较高要求。同样双机双桨安装要求比单机单桨高一些,因此双机双桨船舶轴系分段总组工艺也要复杂一些。下面以双机双桨船舶的轴系分段总组工艺进行阐述,单机单桨船舶的轴系分段总组工艺可以参照实施,如图 3 – 81 所示。

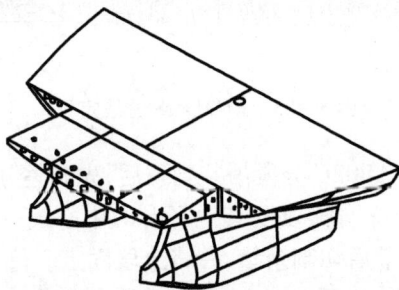

图 3 – 81　双机双桨船舶的轴系总段立体图

(1)总组工艺

①总组搁墩布置

②吊装 EB01P、S 分段,先调节分段水平,尤其是轴线两端的水平,然后调节 EB01P、S 分段左右、前后位置,使两轴线之间的距离与理论值一致,使左右分段的肋检线对齐;待分段位置调整到位后将分段刚性固定,确保总组过程中不产生位移;最后将两分段的轴线、肋检线驳移到总组平台上,同时在平台上画出船体中心线,作为后续分段总组基准线,如图 3 – 82 所示。

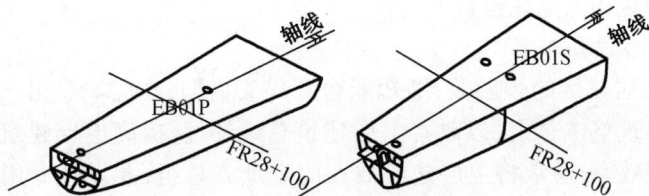

图 3 – 82　EB01P、S 分段定位

③先后吊装 EG31P、S 分段。当分段到位后,先调整分段甲板的水平,然后根据肋检线调整分段的前后位置,最后利用激光经纬仪测量分段前后端的半宽,使其符合建造标准,并利用支撑工装将分段固定。如果没有激光经纬仪,就采用荡垂线办法测量半宽,如图 3 – 83 所示。

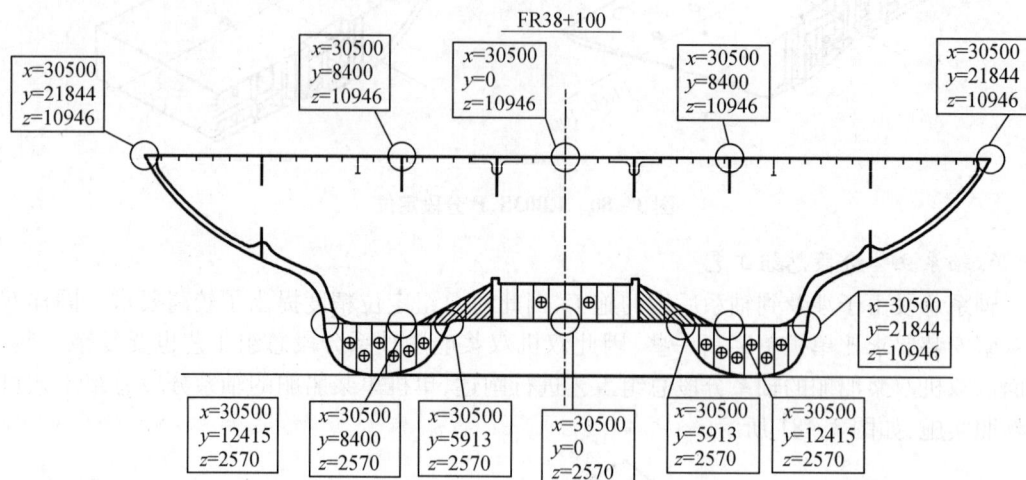

FR38+100

x=30500	x=30500	x=30500	x=30500	x=30500
y=21844	y=8400	y=0	y=8400	y=21844
z=10946	z=10946	z=10946	z=10946	z=10946

x=30500 y=21844 z=10946

x=30500	x=30500	x=30500	x=30500	x=30500	x=30500
y=12415	y=8400	y=5913	y=0	y=5913	y=12415
z=2570	z=2570	z=2570	z=2570	z=2570	z=2570

图 3 – 83　EG31P、S 分段定位

④吊装 AB02C 分段。当 AB02C 分段吊装到位后,先调整分段的水平,然后调整分段左右位置,使其中心线与 EG31P、S 分段以及其他平台的中心线一致,再测量前后分段肋检线距离,确定 AB02C 首端余量,最后切割余量,并将分段固定。待 AB02C 分段完全固定后,复验 AB02C 分段中心线、肋检线、水平度,上述精度应符合要求。

⑤吊装 AB02P、S 分段。以 AB02C 分段甲板水平作为基点,调整 AB02P、S 分段的水平,再利用水准仪在 EB01P、S 分段内底板上上竖立的槽钢对 AB02P、S 分段首尾部轴孔中心点、高低进行调节。由于艉部轴孔中心点需要放高 5 ~ 10 mm 反变形量,故首尾部轴孔中心点需抬高,偏差范围为高 7 ~ 10 mm;同时在 AB02P、S 轴孔艉端面中心点处挂线锤,使 AB02P、S 轴孔艉端面中心线与 EB01P、S 轴线对齐。最后确定 AB02P、S 分段前端面余量,确保前后位置正确。

⑥进行装配和焊接,当焊接时采取措施监控焊接变形,确保轴孔中线左右对称,并与船体中心线平行。

⑦进行完工测量和完整性检查。

7. 上层建筑整体总组工艺

为了尽量扩大居住区的预舾装,缩短船台和码头周期,在船坞总组场地和码头附件的平台上进行上层建筑整体总组,以改善上层建筑总组环境,提高上层建筑舾装完整性。为了进一步提高生产效率,通常将上层建筑放在固定地方总组,并设计专用脚手架进行辅助作业。通常先制作总组专用胎架,然后由下向上依次吊装分段,再根据情况进行装配电焊,待结构施工完后进行铁舾件安装,最后由上至下进行火工校平,完工后进行整体打磨、涂装。

3.5　分、总段搭载工艺

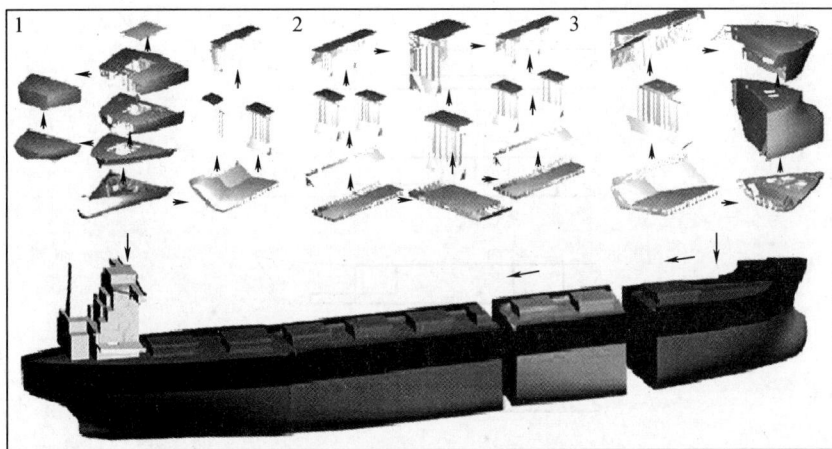

图 3 - 84　散货船搭载流程图

分段、总段搭载方法有总段建造法、塔式建造法、岛式建造法、串联建造法,每个船厂可以根据自身的生产条件(船坞起重能力、总组场地、船型特点、工艺水平)选择合理的建造法。

(1)总段建造法(图 3 - 85)

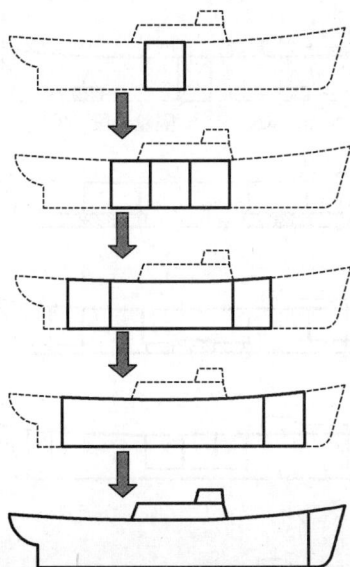

图 3 - 85　总段建造法示意图

如图 3 - 85 所示:将船体建成若干总段后吊往船台,或将制成的分段先在船台上合成总段,然后以舯部总段或临近舯部的舯后总段作为定位基准段,同时向艏艉方向进行安装。作业定位基准段的选择可根据船舶类型和建造工艺而定,一般应以保证主机轴系等安装工作能提早进行为前提。

（2）塔式建造法（图3－86）

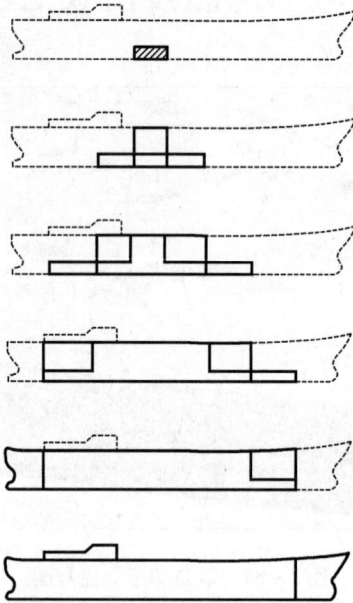

图3－86 塔式建造法建造示意图

如图3－86所示：以中间偏后的底部分段为定位基准段（对舯机型船也可取在机舱位置），逐渐向艏艉和两舷由下向上的成宝塔式安装，最后扩大到全船，形成整个船体。

（3）岛式建造法（图3－87）

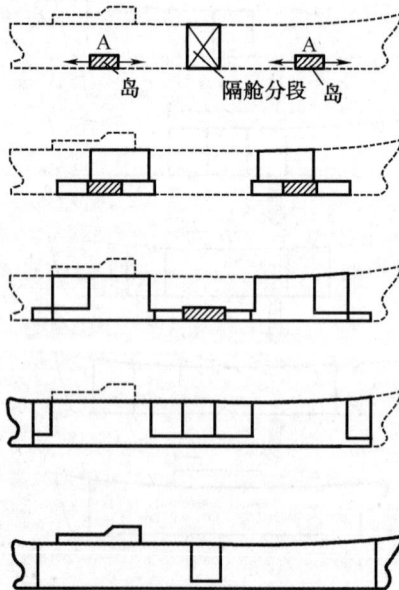

图3－87 岛式建造法

如图3－87所示：将船体划分成2～3个建造区——"岛"，每岛各有若干平面分段和立体分段组成，可分别按塔式建造法进行安装。各岛分别装焊完毕后借嵌补分段连接成整个船体。划为两个建造区的称为"双岛式",划为三个建造区的称为"三岛式"。对尾机型船舶,可在尾岛及其相连的一层上层建筑装焊完毕后即进行轴系和机舱内的安装工作。

(4)串联建造法(图3－88)

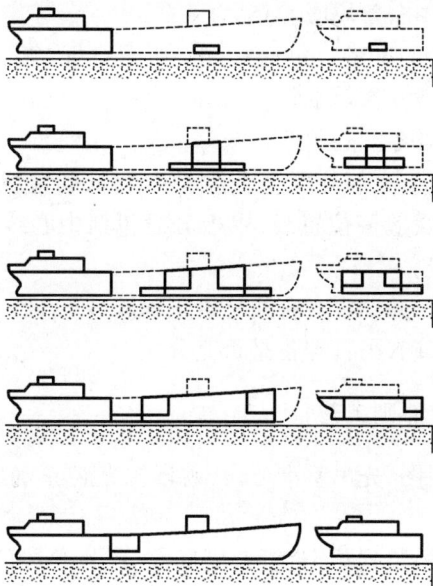

图3－88　串联建造法示意图

如图3－88所示:当第一艘船在船台末端建造时,第二艘船的尾部即在船台前端同时施工。待第一艘船下水后,便将第二艘船的尾部移至船台末端继续安装其他分段形成整个船体,与此同时则在船台前端又开始第三艘船尾部的施工此种方法的实质是将船体分为前后两个移动的建造区(岛),各个岛仍按塔式法进行安装,岛与岛之间可直接拉拢对接,不必用嵌补分段,机舱内的安装工作即可在尾部装焊完成后进行。

总之,总段建造法能显著缩短船台周期,使大量的装焊工作前移,使扩大预舾装工作成为可能,可以开展平行作业,但对总段移位或吊运要求比较高,对分段储备和总段精度控制要求比较高;岛式建造法工作面大,可同时投入较多劳动力,建造周期较塔式建造法缩短,但对搭载精度要求较高,对嵌补分段精度和定位要求较高;串联建造法可以提高船坞、利用率,使船坞生产劳动负荷更加均衡。目前船厂一般不会采取单一的建造法,而是根据自身的条件采取多种建造法进行综合考虑。譬如,对小船采取总段建造法,对大船采取串联建造法等。无论是总段建造法、岛式建造法还是串联建造法,它们每一个总段、每一个岛或者半艘船均采取塔式建造法搭载而成的。因此,塔式建造法是基本的搭载方法,其建造流程如下:

基准分段(总段)定位——吊装基准分段的舱壁分段和前后底部分段——吊装舷侧分段,并向艏、艉方向继续吊装底部分段、舱壁分段——吊装甲板分段,继续向艏、艉方向吊装底部分段、舱壁分段和舷侧分段——由下到上吊装艏、艉总段——吊装上层建筑总段。

3.5.1　分段、总段搭载前的准备

1.船坞(船台)准备

①画船坞(船台)搭载格子线(包括船体中心线、肋检线),作为船体合龙时分段定位空

间位置依据。

②设置高度标杆,作为船体分段定位水平高度的依据。

③拉桩,用来固定基准分段使用。

④布墩,按照坞墩布置图布置坞墩。

⑤其他设备和辅助工装的准备。包括水、电、压缩空气、氧气、乙炔、丙烷、二氧化氮等能源设施和脚手架、快速搭载支撑等工装。

2．分段、总段搭载前的准备

①检查分段、总段基准线:底部分段包括船体中心线、肋检线、舱壁位置线;舷侧分段包括水线、肋检线和直剖线以及舱壁位置线;甲板分段包括中心线、肋检线和舱壁位置线;横舱壁分段包括中心线和水线。

②检查分段完工测量值,并确定对合线是否正确。

③检查吊环安装是否正确,吊具准备是否充分。

3.5.2　分段、总段吊装原则工艺

①吊运　按照搭载网络图,先吊基准分段(总段),定位正确后按照顺序吊装其他分段、总段。

②就位　将分段、总段吊装到预定点后,借助该分段、总段的基准线(中心线、水线、肋检线、直剖线)确定分段、总段的正确位置。

③定位　借助对合线进一步检查分段、总段是否有余量。如果精度没有问题,就采取快速工装将分段、总段迅速固定。

④进行约束焊　对分段、总段关键部位进行约束焊,一方面进一步将分段、总段固定在正确的位置,另一方面防止分段、总段装焊变形。

⑤松钩　待上述步骤全部结束后,先进行试松钩3分钟,如果分段、总段稳定,可松钩进行下一分段、总段的吊装。

3.5.3　快速搭载工艺简介

1．快速搭载的内涵

快速搭载最直接的目标就是缩短吊装时数。所谓吊装时数是指从船体分段被吊起起,吊运到位再靠拢、定位、固定直到吊车安全松钩,这一段时间称之为吊装时数。吊装时数越短,越能体现快速搭载的先进性。

2．快速搭载具体做法和要求

(1)尽量全部分段无余量上船台

根据各公司分段制造工艺水平和分段特点将分段分为无余量制造和余量切割后下胎架两种,确保船体全部分段无余量上船台,从而取消船台或船坞搭载时画线和余量修割工序,为分段搭载时快速就位创造条件。全船余量布置方案以××公司制造的75 000 t散货船为例说明,见图3-89所示。

(2)最大限度地利用三维画线新技术,缩短分段就位时间

改变以前先整体对合,然后焊接定位的做法,在分段搭载时依据"对线法"定位,大大提高了定位的工作效率和准确度。以75 000吨散货船为例,先在分段零件放样时,算出10 m直剖线和3 m水线的A和B值,然后在分段制造时,根据A和B值在分段上划出10 m直剖线和

3 m 水线以及分段中心线、分段肋骨检验线作为分段搭载对合线,最后在分段搭载时,根据分段上面 10 m 直剖线和 3 m 水线以及分段中心线、分段肋骨检验线三维定位线快速就位。

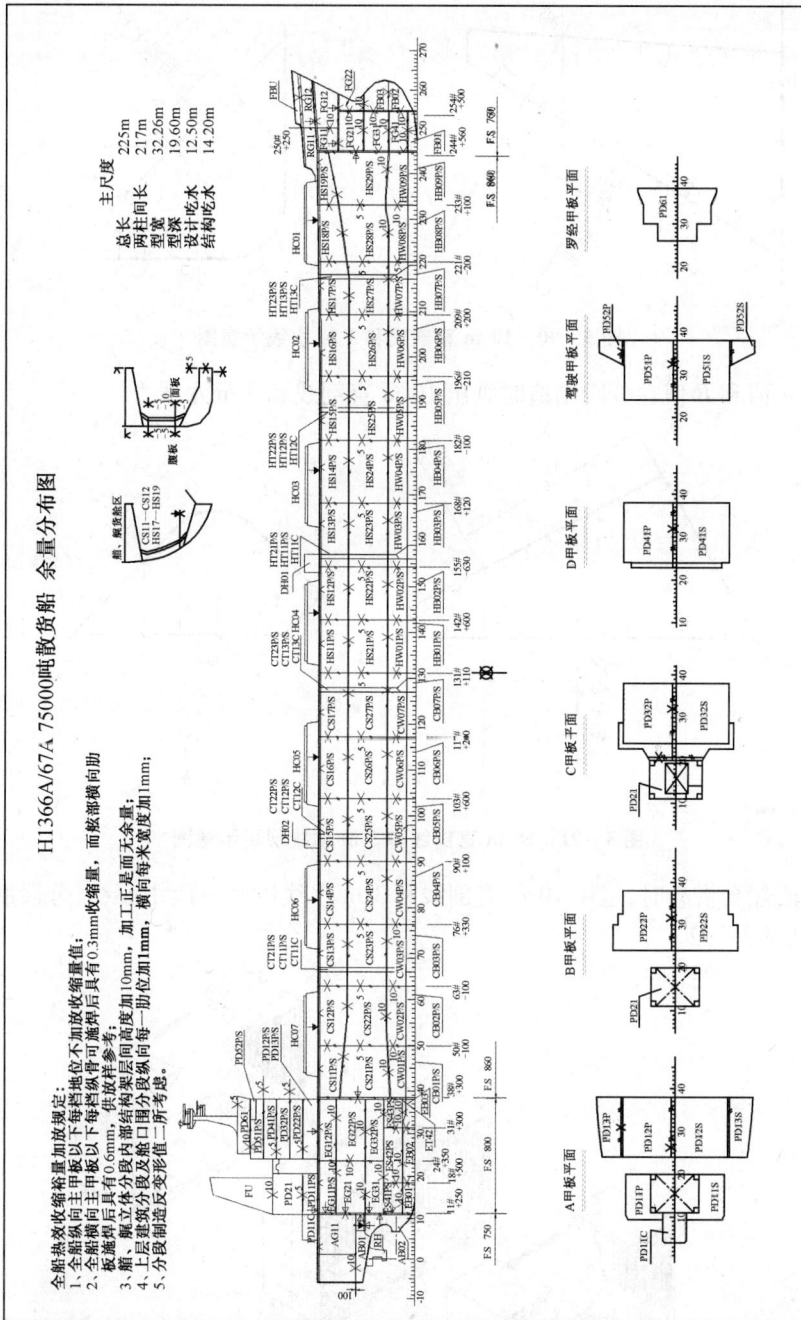

图 3-89　某散货船余量分布图

①在设计时,根据建模和放样的结果,算出 A 值和 B 值。

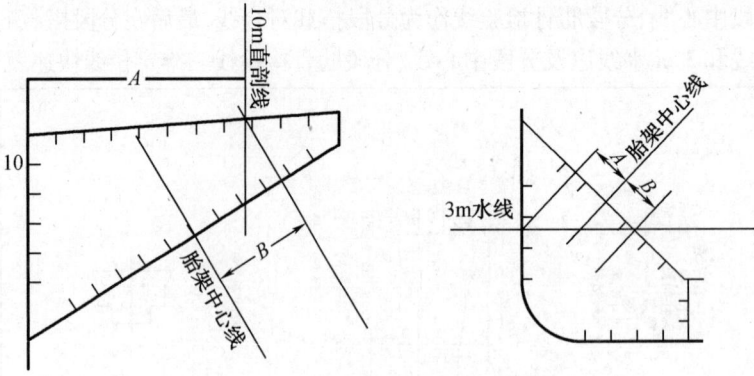

图 3 - 90　10 m 直剖线和 3 m 水线示意图

②根据 A 值和 B 值在分段制造时画出 10 m 直剖线和 3 m 水线。

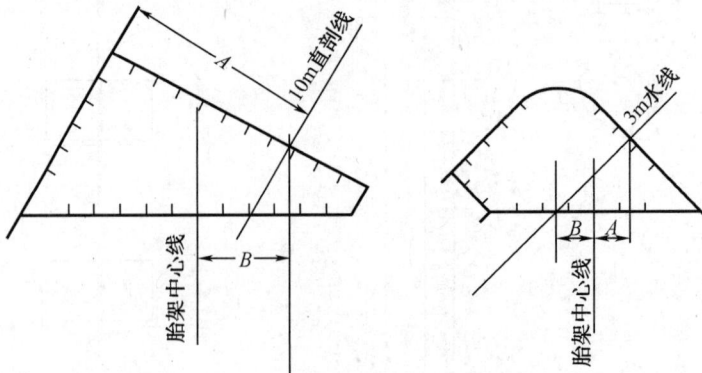

图 3 - 91　10 m 直剖线和 3 m 水线现场示意图

③在分段船台搭载时,运用 10 m 直剖线和 3 m 水线以及分段中心线、分段肋骨检验线进行对合,见图 3 - 92。

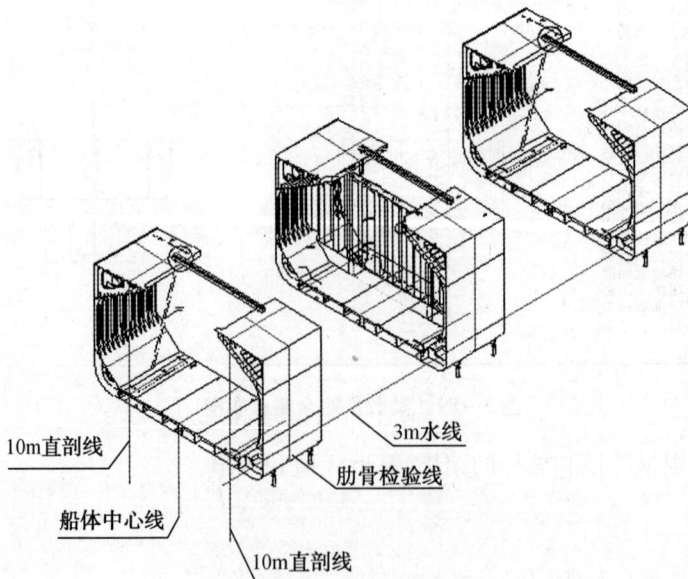

图 3 - 92　搭载对合线示意图

（3）设置辅助工装，缩短分段定位时间

改变以前焊接定位的方法，使用辅助工装和局部关键部位少量焊接定位，极大地缩短了分段定位时间。以 74 500 t 为例，各种比较典型的辅助工装示例如下：

①尾部 AB01 分段定位工装（图 3 – 93）

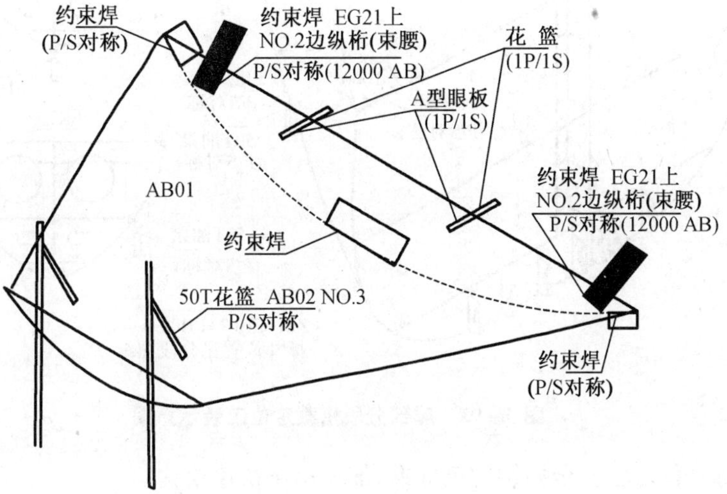

图 3 – 93 AB01 分段搭载定位工装示意图

②货舱区典型定位工装（图 3 – 94）

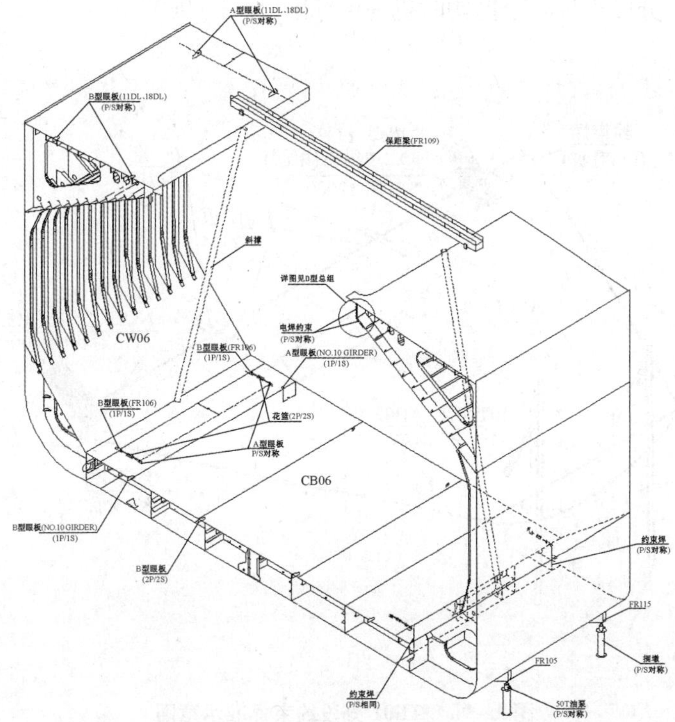

图 3 – 94 货舱分段搭载定位工装示意图

③艏部分段定位工装（图3-95）

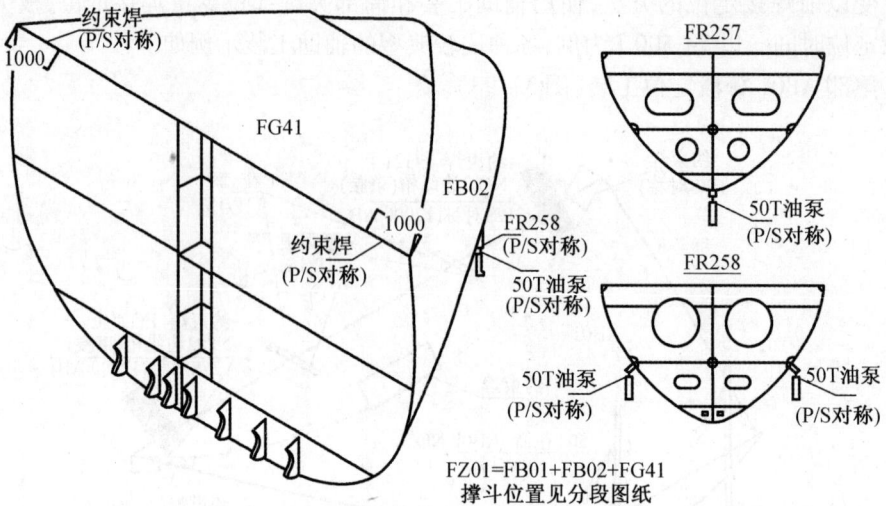

图3-95　艏部分段搭载定位工装示意图

（4）制订分段定位安全抛钩约束标准,加速吊车快速松钩

为了保证吊车快速、安全、可靠的松钩,使现场施工人员有条不紊地按照规范安全可靠地进行操作,对每一只搭载的分、总段编制了《分、总段搭载松钩时机约束标准》。以74 500 t为例,说明如下:

①尾部AB01分段定位安全抛钩时机约束标准（图3-96）

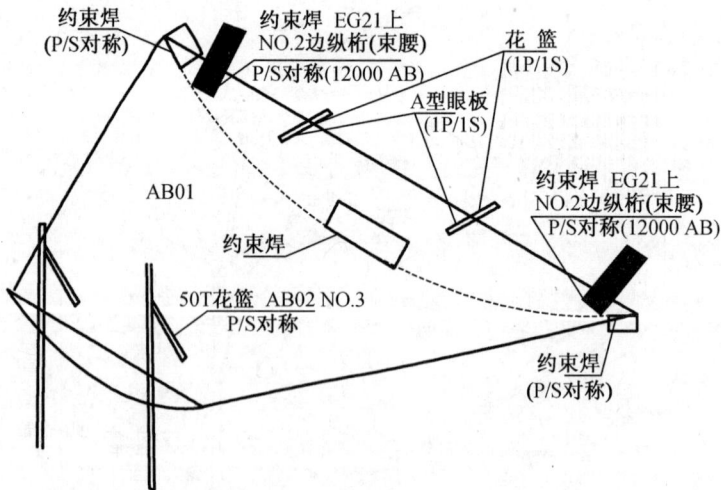

图3-96　AB01分段约束标准示意图

备注:

a.尾端使用立柱进行支撑,并采用20 t花兰绞紧;

b. AB01 平台与 EG21 外板采用 20 t 花兰绞紧；

c. AB01 外板中间与 EG21 进行 2 m 约束焊；

d. AB01 与 EG21NO2 纵桁进行 1.2 m 约束焊。

②货舱区典型定位安全抛钩时机约束标准(图 3 −97)

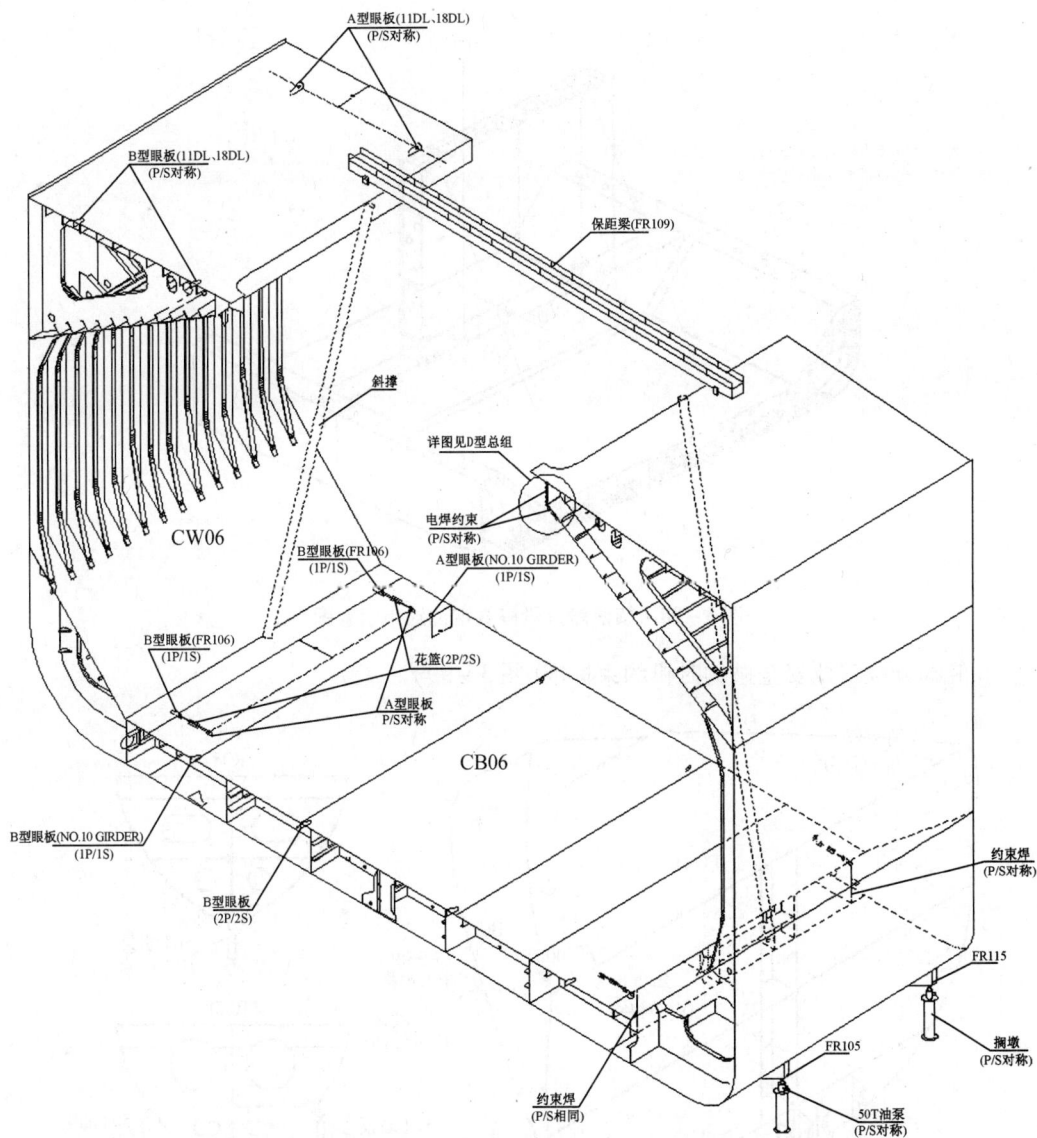

图 3 −97 典型定位安全抛钩时机约束标准

③舷侧 C(或 D)型总段定位安全抛钩实际约束标准(图 3 −98)

a. 舷部采用撑斗和油泵支撑；

b. 相邻两只分段在主甲板和内底板上用 20 t 花兰绞紧；

c. 保距梁吊装到位,并固定；

d. 相邻主甲板之间进行对接焊,焊缝长度 0.5 m;

e. 其他强力构件按照图纸要求进行适当焊接。

④横隔舱分段定位安全抛钩实际约束标准:

a. 横隔舱前、后用钢丝绳拉紧,与底部总段牵住;

b. 强力构件按照图纸要求进行适当约束焊接。

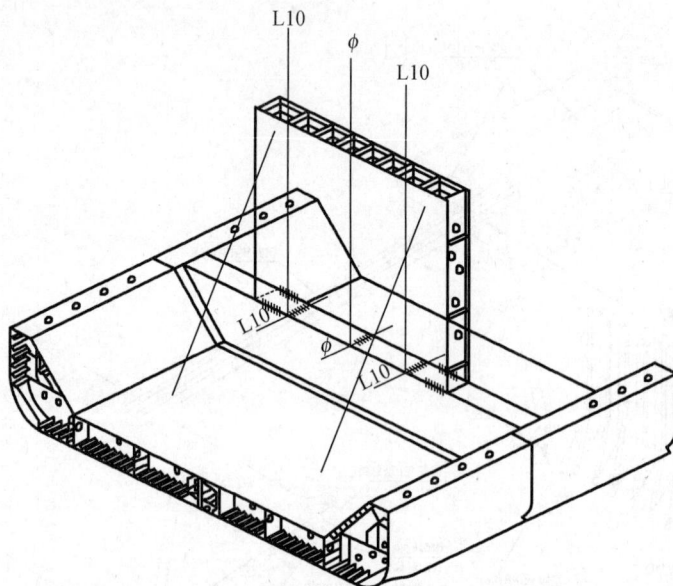

图 3－98　横隔舱分段搭载定位约束示意图

⑤艏部分段定位安全抛钩时机约束标准(图 3－99)

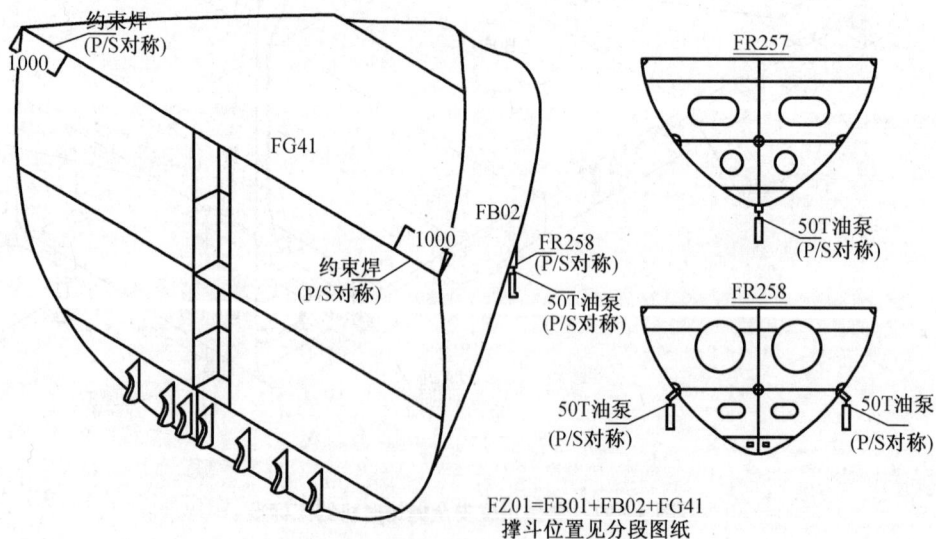

图 3－99　艏部分段定位安全抛钩时机约束示意图

a. 底部按照肋位采用撑斗和油泵支撑;

b. 平台对接处进行 0.8 m 约束焊接。

3.5.4　典型分段、总段吊装工艺

1. 底部总段(图 3 - 100)

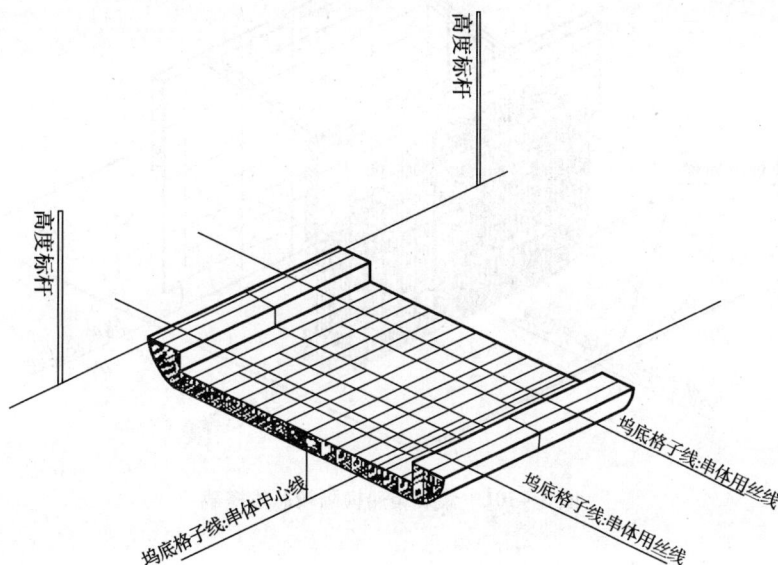

图 3 - 100　底部总段搭载

(1)底部总段起吊前按照 3.5.1 要求检查坞墩的高度与高度标杆是否一致,底部总段的中心线、肋检线是否做好标记。

(2)底部总段起到到位。

(3)调节坞墩高度值,使底部总段四角水平。

(4)利用油泵、快速搭载眼板调节总段前、后位置,使总段肋检线与船坞格子肋检线对齐。

(5)利用油泵、快速搭载眼调节总段左、右位置,使总段中心线和船坞格子中心线对齐。

(6)如果是基准总段,应采取措施与船坞底部预埋件刚性固定。

(7)进行装配和焊接,并完善预舾装。

2. 横舱壁总段

(1)横舱壁总段起吊前按照 3.5.1 要求进行横舱壁总段余量切割,在横舱壁总段画水线、直剖线和中心线,在底部总段上画横舱壁总段搭载位置线。

(2)横舱壁总段起吊到位。

(3)利用激光经纬仪测量横隔舱总段水线左右值,并调节总段水平。

(4)利用铅垂荡线测量横隔舱总段垂直度,使总段与底部总段垂直。

(5)调整横隔舱总段左右位置,使其中心线与底部总段、船坞格子中心线一致。

(6)采取总段约束措施,使横隔舱总段刚性固定后松钩。如果是集装箱船,为了控制前后横隔舱的距离和便于横隔舱快速固定,通常采取保距梁固定,如图 3 - 101 所示。

(7)进行装配和焊接,焊接时要定期检测横隔舱是否垂直,否则采取反变形措施纠正。

(8)完善预舾装。

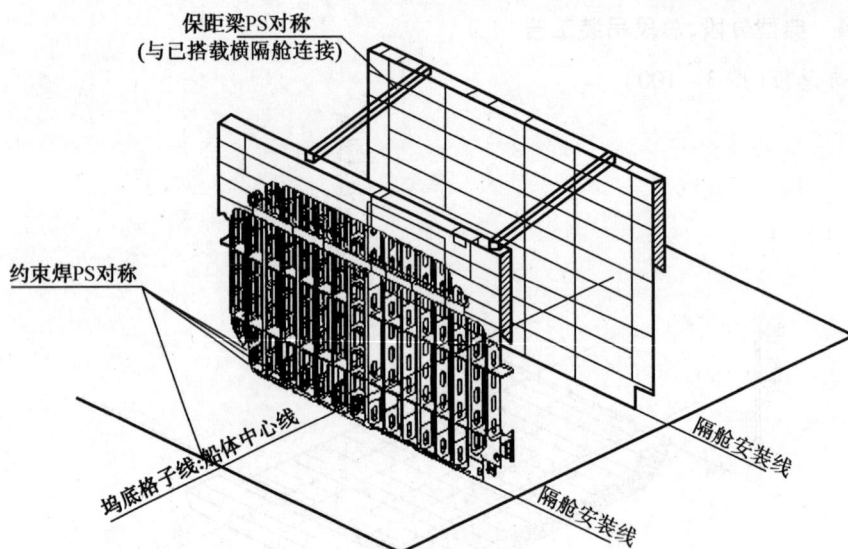

图 3 - 101　集装箱船横隔舱总段搭载

3. 舷侧总段

（1）舷侧总段起吊前按照 3.5.1 进行搭载前准备，尤其是做好舷侧总段的水线、直剖线和肋检线标记，如图 3 - 102 所示。

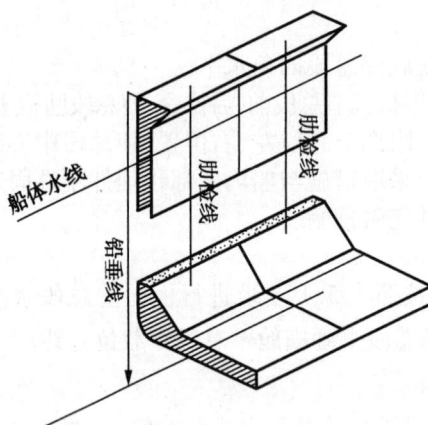

图 3 - 102　舷侧总段搭载

（2）舷侧总段起到到位。

（3）利用激光经纬仪测量舷侧总段水线前、后值，并调节总段水平和高度。

（4）利用铅垂挡线测量舷侧总段垂直度，使总段与底部总段垂直。

（5）调整舷侧总段左右位置，使其直剖线与底部总段一致。

（6）采取总段约束措施，使舷侧总段刚性固定后松钩。

（7）进行装配和焊接，焊接时要定期检测舷侧总段是否垂直，否则采取反变形措施纠正。

（8）完善预舾装。

4. 甲板总段

（1）甲板总段起吊前按照3.5.1要求进行搭载前准备,一要做好甲板总段的肋检线、直剖线和中心线的标记;二要根据左右舷侧总段搭载的实际情况将完工数值反馈到甲板总段上,画好甲板余量线,并将余量割除。

（2）甲板总段起吊到位。

（3）利用激光经纬仪测量甲板总段四角水平值,并调节甲板总段水平。

（4）调整甲板总段前、后位置,使其肋检线与舷侧总段一致。

（5）调整甲板总段左、右位置,使其直剖线、中心线与底部总段一致。

（6）采取甲板总段约束措施,使其与舷侧总段刚性固定后松钩。

（7）进行装配和焊接,并完善甲板上的预舾装。

5. 轴系艉立体总段（图3-103）

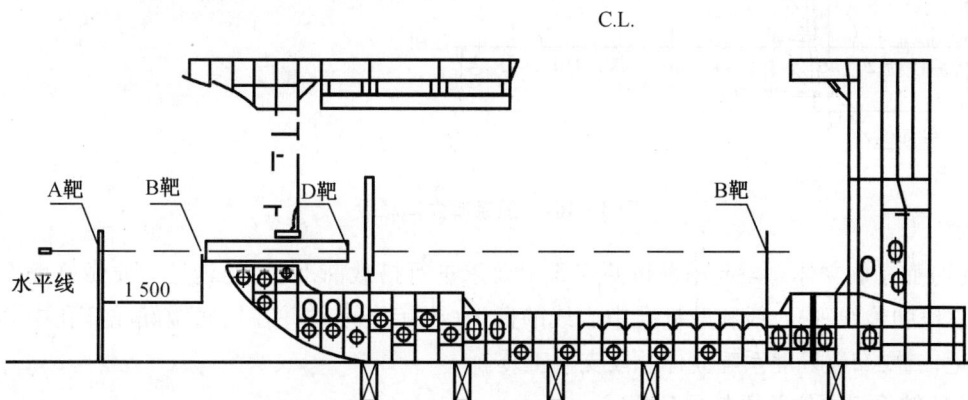

图3-103　轴系艉立体总段

（1）轴系艉立体总段起吊前按照3.5.1要求进行搭载前准备,一要做好轴系艉立体总段肋检线、中心线和轴孔中心线(十字光靶)的标记;二要根据船体搭载基准标杆做好轴孔中心线高度标杆。

（2）轴系艉立体总段起吊到位。

（3）利用激光经纬仪测量轴系艉立体总段四角水平值,并调节总段水平。

（4）调整轴系艉立体总段左右位置,使其中心线与船体格子中线心一致,并检查轴孔中心线是否与机舱主机位置中心线一致。

（5）调整总段高度,使轴孔中心线高度与高度标杆一致。

（6）测量总段肋检线与前面总段肋检线之间的距离,确定总段前端面余量值,并画线割除。

（7）待余量全部割除后,进行总段复位。再次检验轴孔中心线,使其与机舱主机位置中心线一致,轴孔中心线高度与高度标杆值一致。

（8）采取轴系艉立体总段约束措施,使其与机舱总段刚性固定后松钩。

（9）进行装配和焊接,焊接时采取对称焊,并定时检测轴孔中心线和及时采取措施。避免轴孔中心线出现偏差。

6.舵系艉立体总段(图 3 - 104)

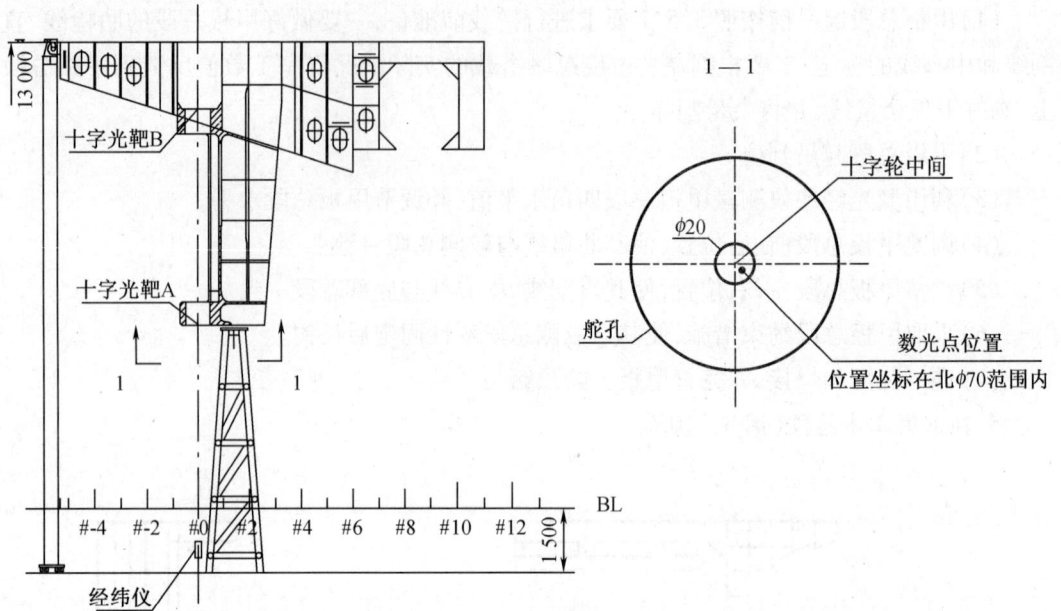

图 3 - 104　舵系艉立体总段

(1)舵系艉立体总段起吊前按照3.5.1要求进行搭载前准备,尤其是一要做好舵系艉立体总段肋检线、中心线和舵杆孔中心线的标记(十字光靶),并在坞底做好舵杆孔中心点的标记;二要布置好舵系艉立体总段支撑工装。

(2)舵系艉立体总段起吊到位。

(3)利用激光经纬仪测量舵系艉立体总段四角水平值,并调节总段水平。

(4)调整舵系艉立体总段左右位置,使其中心线与船体格子中心线一致,并检查舵杆孔中心线与轴孔中心线的垂直度和同面度。

(5)调整总段高度,检查舵叶与轴孔中心在高度方向的一致性,并适当放反变形值。

(6)测量总段肋检线与前面总段肋检线之间的距离,确定总段前端面余量值,并画线割除。

(7)待余量全部割除后,进行总段复位。再次检验舵杆孔中心线,舵叶与轴孔中心的关系。

(8)调整舵系艉立体总段支撑工装高度,使其与总段刚性支撑,并进行约束焊接后松钩。

(9)进行装配和焊接,焊接时采取对称焊,并定时检测舵杆中心线和及时采取措施。避免舵杆中心线和尾部总段上翘值出现偏差。

7.嵌补总段(图3 – 105)

图 3 – 105　总段嵌补

(1)嵌补总段起吊前按照3.5.1要求进行搭载前准备,尤其是一要做好嵌补总段基准线的标记;二要测量嵌补总段实际嵌补值,并将该值驳移到嵌补总段上,依据嵌补值画好余量线并割除余量,为了使嵌补总段顺利搭载,一般将嵌补总段四周多修割3~5 mm。

(2)嵌补总段起吊竖立。并利用激光经纬仪测量嵌补总段四角水平值,并调节总段水平。

(3)将嵌补总段吊装到位,并缓慢进行嵌入。

(4)待完全嵌插到位后,调整嵌补总段基准线与相邻分段一致。

(5)采取嵌补总段约束措施,使其相邻分段刚性固定后松钩。

(6)进行装配和焊接,并完善预舾装。

3.6　装配产生的常见变形和处理办法

每一道装配工序后如果产品质量出现问题,除了个别问题是加工零件精度不良和焊接缺陷带来外,主要问题是焊接后产生的变形。由于焊接引起的变形非常复杂,即使这些变形在事后采用各种方法可以矫正到一定程度,也会花费大量的劳动力和时间,而且严重影响产品的外观质量。因此,了解焊接变形,在装配过程中采取必要的措施防止变形是解决装配产生问题的关键步骤。

3.6.1　焊接变形的种类和变形量

1.焊接变形的种类

在船体装配中,虽然焊接而引起的变形非常复杂的,但可以根据其变形的形状分为以下几类。

(1)平面收缩变形(图3 – 106)

①横向收缩　垂直于焊缝方向的收缩。

②纵向收缩　沿着焊缝方向的收缩。

③回转变形　随着焊接的进行,使对接缝的间隙张开或变窄的变形。

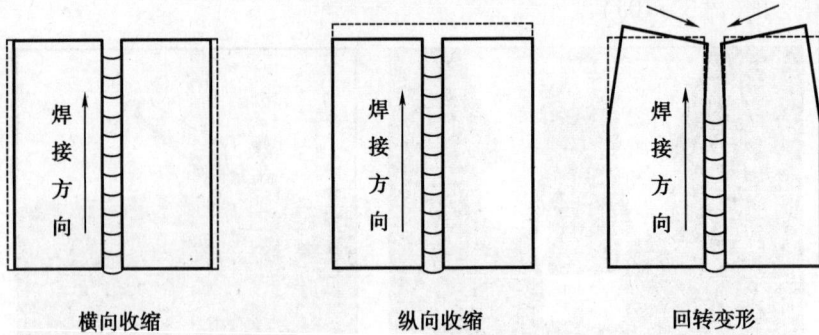

图 3 - 106 平面收缩变形

(2)三向挠曲变形(图 3 - 107)

① 横向弯曲 在焊缝处板材产生的角变形。

②纵向弯曲 沿着焊缝方向产生的弯曲变形。

③压曲变形 由于压缩应力使板材压曲,产生波浪变形。

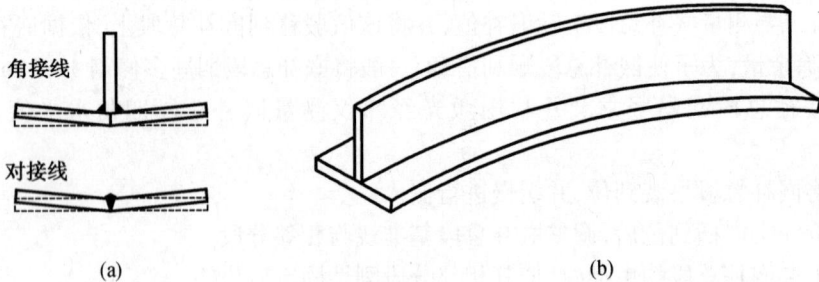

图 3 - 107 弯曲变形

(a)横向弯曲;(b)纵向弯曲

2.焊接的变形和变形量

在船体装配中,焊接引起的变形,主要受焊接方法(焊接输入热量)、焊件材质和形状、坡口形状、焊缝位置、焊缝的外部约束力等的影响。所以通常只概略计算几种常见的焊接变形量,根据变形量制定相应措施,尽量将变形控制在最小范围内。具体如下:

(1)收缩变形

①横向收缩 垂直于焊缝方向的收缩。

在拼板对接缝中出现较大变形,一般手工焊接引起的对接缝横向收缩计算公式为

$$横向收缩 \ V \approx 5.1 \times 10^{-4} \sqrt{Q} + 0.12(A/t^2) \log N$$

式中 Q——打底焊平均单位焊接长度上的输入热量,J/cm;

　　　A——坡口断面面积,cm^2;

　　　t——板厚,cm;

　　　N——焊接层数。

如果薄板采取单层焊接,可以简化成下式计算

$$横向收缩 \ V \approx 0.22A/t$$

如果是角焊缝,横向收缩变形较小,可以采取以下经验公式进行计算

$$连续角焊缝: V \approx S/t$$
$$间断角焊缝: V \approx S/t \times l/L$$
$$双面角焊缝: V \approx S/t \times 1.5$$

式中　　t——板厚,mm;

　　　　l——焊缝长度,mm;

　　　　L——全长,mm。

②纵向收缩　沿着焊缝方向的收缩。

对接焊缝的纵向收缩根据 King 公式求得:

$$纵向收缩\ U = 3 \times 10 - 5NIL/t$$

式中　　U——纵向收缩,mm;

　　　　L——焊缝长度,mm;

　　　　I——电流,A;

　　　　t——板厚,mm;

　　　　N——焊接层数。

连续角焊缝的纵向收缩,可用 Gvyot 公式

$$U = A_w / A_p \times 0.025$$

式中　　U——每一米焊缝纵向收缩,mm;

　　　　A_w——熔敷金属的截面积,mm^2;

　　　　A_p——阻止收缩的构件截面积,mm^2。

($A_w / A_p \leqslant 0.05$ 时,按 $A_w / A_p = 0.05$ 计算)

③回转变形　由于焊接热源的逐渐移动,尚未焊接部分的坡口间隙随着焊接的移动出现张开或者闭合现象。如埋弧自动焊,焊接输入热量高,焊接速度快,坡口有张开的倾向;手工焊焊接输入热量低,焊接速度慢,坡口有闭合的倾向。在打底焊接时,回转变形倾向最大;在单面自动焊中,如果一次性输入热量越大,产生回转变形倾向越大。

(2)挠曲变形

①横向弯曲变形

在对接焊时,上层的横向收缩比下层的横向收缩大,因此,在焊缝处板材产生挠曲变形;在角焊缝时,由于熔敷金属的收缩而产生角变形,因而背面突起,外观的角变形量比实际角变形量大。

角变形的起因是由于焊接温度沿板厚方向上分布不均匀而产生的,因此,表面和背面熔敷金属量的相差有着重要影响。一般 X 坡口的角变形量比 V 形坡口小。通过选择适当的 X 形坡口,调整表面与背面的熔敷金属量的比例,有可能把角变形量限制在最小程度。

V 形坡口对接缝的角变形量与层数成正比例关系,角变形随层数的增加而增加。因此,可以采取大直径焊条焊接来减少层数,其产生角变形量比用小直径焊条多层小。

角焊缝的变形量用下式表示

$$\delta = Kx^m e^{-nx}$$

式中　　δ——角变形量,rad;

　　　　I——焊接电流,A;

　　　　V——焊接速度,cm/s;

　　　　t——板厚,mm;

K、m、n——由焊条等决定的系数。（例如,对于钛铁矿型 $\Phi = 4$ mm 的焊条,$K = 2.8$, $m = 2.5$, $n = 6.0$）。

② 纵向弯曲变形

纵向弯曲变形指的是沿焊缝方向产生的弯曲变形。这种纵向弯曲变形是在焊缝位置与构件断面的中性轴不对称的情况下而产生的。产生纵向弯曲主要是 T 型部件,可以采取加大后焊一侧的焊脚,或者采取对称同时焊接的方法。

③压曲变形

压曲变形是由于焊接在母材上产生的残余压缩应力而引起的压曲现象。主要存在薄板中或者分段四周边缘处,与焊接顺序和焊缝处约束形式有较大的关系,其变形量非常复杂,很难估算出。

3. 防止变形的方法

(1)防止变形的一般原则

①尽量减少焊接输入热量;

a. 将熔敷量保持在必要而最少的限度内;

b. 使用熔敷效率高、直径粗的焊条,减少焊接层数;

c. 注意焊接速度不能太慢。

②不使热量局部集中

a. 适当地选择熔敷方法;

b. 不能搞错焊接顺序。

(2)防止三向挠曲的方法

在焊接中特别要防止三向挠曲变形。因为焊接收缩变形均可以采取补偿值消除,但产生三向挠曲后难以消除,防止方法如下:

①拼板对接缝的场合

a. 压板约束法。在焊缝上,尤其是打底焊接时安装马板进行约束角变形。

b. 四周固定法。用压铁或者夹具固定钢板的四周和焊缝边缘。

c. 采取反变形工艺。这种方法在拼板缝中较少采用。

②角接缝的场合

a. 塑性反变形法。先预估好反变形量,然后在加工零件时给予构件 1/3 反变形量。

b. 弹性反变形法。在焊接之前预先给予与焊接变形相反的弹性变形,以减少角变形。

c. 四周固定法。在角焊缝两边采取固定方法约束其发生角变形。

d. 临时加强法。在 T 型部件中,可以采取临时加强防止弯曲。

e. 缓焊区。在靠近分段接头部位,可以留一部分待船台对接装配后再焊接,以免产生波浪变形。

(3)消除变形的方法

①机械矫正。利用油压机、辊弯机和锤击、顶推等办法将变形矫正。

②火工校正。根据不同的变形状态,采取适当的火工工艺将变形校正。

3.6.2 分段装配产生的变形及处理办法

分段在装焊过程中,经常会产生纵向、横向收缩和翘曲变形。由于各个分段结构不同,焊接方法和程序不同,故每个分段产生的问题均不一样。但分段大致变形有以下几类:

(1)分段产生横向或纵向收缩,使分段外部和内部构架尺寸变小;

(2)分段内部构架产生角变形;

(3)分段产生"中拱"或者两边"上翘"。

1. 分段产生问题的原因分析

分段产生问题的主要原因是由于受焊接时产生的收缩和各种变形的影响。例如双层底分段在采取反造法时,内底板与胎架相对固定,构架也与内底板密贴,焊接收缩较小;但当外板盖贴后翻身进行焊接时,由于均处于自由状态,构架与外板之间间隙也不一致,使分段产生变形。尤其是散贴外板时,由于有外板拼板焊接,变形更加明显,最终造成横向收缩和"中拱"。又如拼板间隙不均,或者焊接电流稳性不好,也会造成焊缝不均,间隙大的地方焊接熔敷必然增大,变形量也随之增加。因此,工艺措施不当、分段结构布置不合理、焊接程序和焊接方法不合理、前道工序装配精度都有可能是分段产生问题的原因。

2. 控制分段变形的措施

由于分段变形后很难修复正确,所以必须采取以预防为主的方法控制分段变形。预防的具体措施如下:

(1)结构设计上的措施

①减少板缝。

②保证焊缝坡口的工艺性。

③扩大高效焊接应用范围,减少焊接线能量输入。

④拼板缝尽量对称布置。

⑤避免焊缝集中。

(2)装配工艺上的措施

①采用对合线进行装配,保证装配精度。

②制订合理的装配方法。例如采用正造法,或片段制造法。

③根据分段变形的规律,采取增加补偿值、反变形和固定等措施,消除焊接变形。

④严格控制使用超差零部件,避免强力装配。

(3)焊接工艺上的措施

①焊接操作应以分段为中心对称施焊。

②收缩较大的先焊接,先焊对接焊缝,后焊角焊缝。

③扩大高效焊接应用范围,减少焊接线能量输入。

④选择合理的焊接规范(焊条直径、焊接电流、焊接层数)。

⑤控制同时焊接人数。

3. 消除分段变形的措施

①对分段装配过程进行监控,分段翻身后先进行测量,对变形较大部位采取加重物或反变形措施,使变形部位得到改善。

②对分段收缩量超过范围应适当增加补偿值。

③对局部变形严重和分段边缘出现波浪变形,可采取火工进行校正。

④对焊接部位进行背烧,消除角变形。

3.6.3 搭载装配产生的问题及处理办法

船坞(船台)搭载装配产生问题主要有两方面:一是受累积误差的影响,船体总长出现缩短,艏、艉端出现上翘;二是出现局部问题,如左右面不对称、分段大接头出现错位和凹凸变形、对接焊缝出现局部超差。

1.搭载产生问题的原因

(1)船体总长出现缩短的原因

①环形补偿量设置偏少;

②焊缝间隙过大,收缩较严重;

③艏、艉上翘,或者搭载基线出现挠曲累积造成船体总长缩短。

(2)艏、艉上翘的原因

①大多数船坞搭载采取塔式建造法,从中间朝艏、艉方向搭载,同时每一个环形焊缝都是从下朝上进行焊接,这样容易造成上翘;

②大多数船体坞墩采用木质结构,总段搭载后有下沉现象,由于船体中部先搭载,中部先下沉,后续搭载的分段以前面搭载的分段为基准,这样也会造成上翘。

(3)左右面不对称

①由于左右舷不是同时搭载,当左边先搭载时,左边可能先下沉;当右边搭载时,右边也会下沉,但由于左边结构已装配,右边的下沉会比左边少,这样造成左右不对称;

②焊接程序左右不对称,或者不能同时焊接;

③左右面装配间隙不一样,造成焊接收缩不一样。

(4)分段大接头出现错位、凹凸变形和对接焊缝出现局部超差等原因

①分段精度不良主要表现分段端面不齐,中线线出现偏差、纵骨间距出现偏差等。

②搭载时船体半宽出现挠曲和上翘。

2.控制搭载问题的措施

由于搭载出现的问题更加难以修复,所以控制搭载问题的原则是预防为主,过程纠正为辅。预防的具体措施如下(图3-108):

①少用木质坞墩,减少下沉现象;

②加放反变形,搭载过程中随时进行纠正;

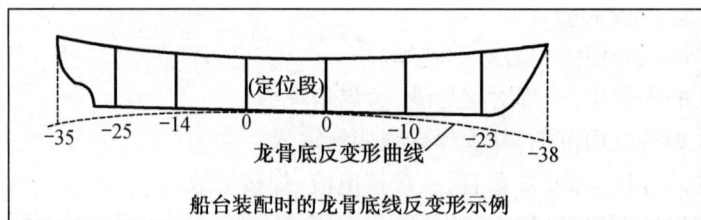

(定位段)

-35　-25　-14　0　0　-10　-23　-38

龙骨底反变形曲线

船台装配时的龙骨底线反变形示例

图3-108　消除艏艉上翘反变形示意图

③环缝尽量采取正公差;

④提高装配质量,减少装配间隙;

⑤左右尽量同时吊装、同时对称焊接;

⑥焊缝打底焊前应加梳状马板(图3-109)。一般沿着焊缝每隔200~400 mm的距离烧焊一块马板,将焊接变形减至最小;

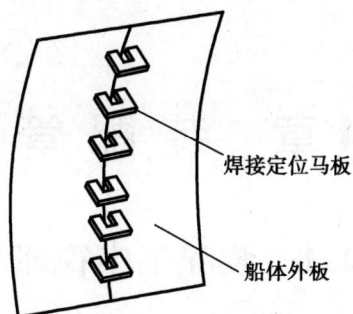

图 3 – 109　焊接定位梳状马板

⑦分段定位采取刚性约束固定。

3. 消除搭载问题的措施

搭载出现累积变形和误差后很难采取措施消除,只能通过加强搭载过程监控,发现变形或超差时应及时采取适当的工艺减少后续搭载出现更大的问题。当搭载出现分段大接头出现错位、凹凸变形和对接焊缝出现局部超差等局部问题时,可以采取开刀借正、火工矫正、堆焊或者割换局部零件等手段进行消除。

第4章 装配管理

4.1 装配工序管理

4.1.1 装配工序管理的目的

装配工序是船舶建造中的关键工序,流经装配工序的钢材质量占整个船体质量的90%以上,工时几乎接近整个船体工程的一半。随着造船模式的转变,预舾装也主要由装配工序负责施工,装配工序所占的比重越来越高,也就是说,装配工序管理的好坏决定整个工厂的生产效率、建造成本等。

从第一章及表1-1可知船体建造分为五个级别,装配工艺路线可分为八大类,从作业内容来看,有搬运、配材、拼板、构架安装等诸多内容。为了顺利、高效率地完成这一系列的作业,就必须制订完善的计划和实行强有力的控制管理。因此,装配工序管理的目的有以下几点。

(1)确保向下一道工序提供合格且完整的零部件

装配工序可以分为部件装配(中组件)、分段装配、分段总组装配和分总段搭载装配等工序,而每一道工序只有在接收到前道工序提供的合格且完整的零部件后,才能开始高效率地工作。

(2)均衡装配工序的作业量

在向下一道工序提供零部件的前提下,还要谋求各道工序作业量的均衡,以达到提高装配效率,保证作业进度。

(3)统筹协调各工序的生产资源

要使各工序连续均衡地作业,必须统筹协调各工序的生产资源,包括生产场地、人员配置、设备配置及零部件堆场等的能力。

4.1.2 装配工序管理的组织

装配工序中有大量的作业人员、各种大小不一的零部件、不同的搬运路线与搬运设备,并且受到各种条件的制约。因此,装配工序的管理要求有完善的事前计划、强有力的过程控制以及确切的反馈信息。为了同时满足上述三个要求,必须设立以工序管理为目的的组织,该组织应具有三个职能:制订计划、计划实施、记录统计。为了便于准确反映工序的执行情况,一般设置生产管理室进行制订计划和对实施情况进行统计,设置生产运行部对计划进行协调实施和将实施情况及时进行反馈。

(1)制订计划

该计划应在船体工程总计划、工时计划、船坞搭载计划的基础上制订装配各工序计划,这时不仅要参考以前的造船记录和统计资料,还要以现阶段记录和统计的信息为基础,结合其他工种的实施情况、各车间的总体物量情况制订今后的实施计划,以便实施人员能严格按照计划执行。

（2）计划实施

负责计划实施的人是各部门负责生产的部长,一般一周由负责生产的部长向各装配区域负责人指示和传达作业计划,再由区域负责人直接指挥实施这一计划。因此,装配区域负责人不仅要有技术知识、领导能力,还需有生产管理的经验。

（3）记录统计

在拟订计划时,必须参考过去的计划和实际情况的差距,而在实施、控制计划时,必须清楚地掌握施工进展的实际情况。为此,必须配备记录统计人员,调查作业的进度和记录、统计工时的实际情况。记录统计人员可以统一管理,也可以布置在各车间分别进行统计,然后录入信息管理系统便于随时查阅。

4.1.3　装配工序计划的制定

1. 装配工序计划制定时应考虑的因素

（1）各装配工序之间的相互关系

如图 4-1 所示,装配工序有部件装配工序(中组件)、分段装配工序、总段装配工序和分段(总段)搭载工序,这些工序之间有着紧密的联系,在装配工序之前还有加工工序,它们之间也相互关联,并且装配工艺路线有 8 种路径。在拟订装配工序计划时,必须考虑上述关系,同时还要考虑各种制约条件。

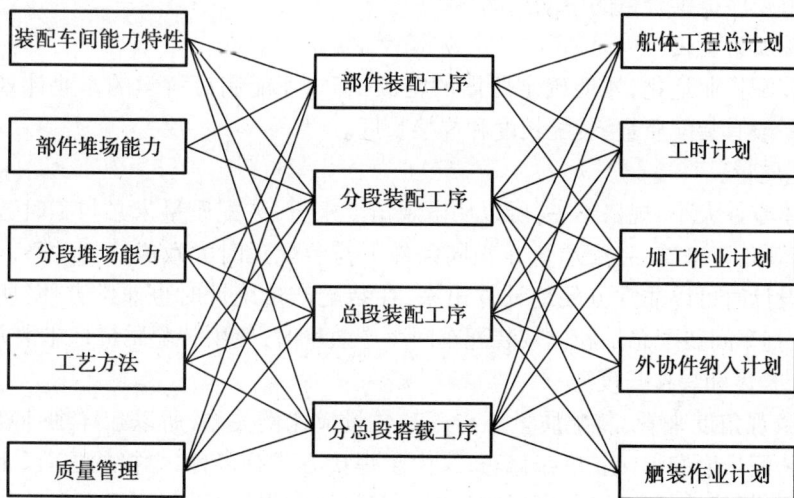

图 4-1　装配工序与各种因素之间的关系

①与船体工程总进度的关系

由于船厂与船东在签订合同时,船舶建造总进度(包括开工、上船台、下水、交船)就确定了,所以各装配工序应按照船舶建造总进度先确定总的装配时间,然后制定详细的装配计划。

②与工时计划的关系

要根据装配工时占船舶建造目标总工时的比例进行估算,并分配至各个工序。再根据各工序装配计划估算出每周或月需完成预定工时数,并作出以周或月为单位的各工序工种的工时累计曲线,以保障各工序均衡、有序、稳定推进。

③与加工、零件堆场的关系

为了确保各装配工序按期推进,加工工序要按时提供合格,且足量的零件给下一道工序。为此,加工工序要严格按照各装配工序对零件的需求编制计划,特别要考虑零件堆场有足够的能力,且有适当的加工提前量。

④与装配车间的能力和特性的关系

根据各装配工序车间的面积、起重机、平台种类、设备布置状况以及分段堆场的大小确定装配车间的能力和特性。在拟订装配计划时,一定要考虑到这些特性是否满足要求。当这些特性和能力满足不了要求时,应考虑是否要外协或对工厂进行改造。当分段制造、总组和船台搭载共用起重机时,起重机的使用计划会对装配计划形成较大影响。

⑤与工艺方法的关系

在制订详细计划前,必须确定建造要领。

⑥与质量管理的关系

质量管理与工序管理是相辅相成的,只有良好的质量保障,才能确保装配工序按期推进;一旦出现质量问题,无论出现在哪个环节,都必须停顿下来修补,这样必定影响到装配工序的推进。

总之,装配计划的制订必须充分考虑以上这些因素,以船台搭载计划为基准点倒推出每道工序完成的时间节点,然后依据计划落实相关措施,控制相关节点,确保在规定的时间节点向下一道工序提供合格的中间产品。

2.装配作业的量化

只有将装配作业量化,才能确定所需的定额工时,才能制订科学的作业计划。装配作业量化指标一般有装配质量、装配长度和焊接长度。

(1)装配质量

由于船体零件大小、规格不一,所以从微观角度来看,装配质量未必与工时数量成比例关系,但从宏观角度来看,装配质量在相同条件下与装配工时大致成比例关系。由于装配质量在生产设计时可以非常方便地计算出来,在装配产量统计时也非常方便,所以在拟订长期计划、检查车间装配总量和比较装配车间生产效率时,使用装配质量是非常方便的。

(2)装配长度和焊接长度

由于从微观角度来看,装配质量不与工时数量成比例关系,所以在详细计算装配工时时还需借助装配长度和焊接长度来修正;又由于焊接方式有多种,焊接的位置、工作场所和每种焊接方式,焊接效率不一样,所以能反映真实物量的焊接长度,可根据焊接长度按换算公式计算得到。装配长度和焊接长度可以在生产设计时统计出来,计量焊接长度根据焊接长度和换算系数相乘得出。计量焊接长度换算公式如下

$$L = ¢ \cdot £ \cdot l$$

式中　　L——计量焊接长度;

　　　　$¢$——焊接方法、焊接位置、板厚和焊脚高度的系数;

　　　　$£$——作业场所系数(表4-1,4-2);

　　　　l——焊接长度。

表 4 - 1　作业场所系数(£)

作业场所	总组与搭载				分段制造		
	机舱	尾尖舱	首尖舱	货舱	平面分段	立体分段	曲面分段
£	3.21	2.81	3.60	2.30	1.50	2.65	2.50

表 4 - 2　焊接系数(¢)

焊接位置 ＼ 焊脚高度	4	5	6	7	8	9	10
仰焊	0.20	0.21	0.22	0.25	0.28	0.32	0.37
俯焊	0.07	0.08	0.08	0.10	0.10	0.18	0.19
平焊	0.12	0.14	0.16	0.20	0.25	0.30	0.39

3. 装配工序计划

装配工序的计划一般按照大日程计划、各船装配场地分类计划、中日程计划和小日程计划顺序制定,每个计划制定的方法和依据也不一样,但相互联系非常紧密。制订好各类计划,也是良好控制的开端,尤其是小日程计划。

(1)装配工序大日程计划

装配工序大日程计划是按照总进度表、船体大的节点来拟订的,并根据该计划来确定装配工序的长期管理方针,进而确定公司的长期管理计划。大日程计划的编制要尽最大努力做到各种资源的负荷平衡,优先考虑已签船舶的交船日期、船坞的布置、劳动力和设备设施的能力。通过综合分析,计算出船舶的主节点、各工种的劳动力及设备设施负荷。最终导出销售状况、船坞周期等与公司生产经营活动相关的资料,见表 4 - 3。

表 4 - 3　建造线表

①拟订计划的目的

a. 大致掌握各种船舶所需的工时数和装配质量。

b. 预估所需装配平台的能力和所需装配的面积,以便进行调整和改造。

c. 预估所需的人员数,制订人员计划。

②拟订方法

a. 根据船舶的种类、船舶大小、质量,计算出每条船所需的工时数。

b. 绘制各船工时数发生曲线。绘制方法如下:

第一步:根据实际数据,绘制工时数消耗率——质量完成率曲线标准,如图4-2所示。

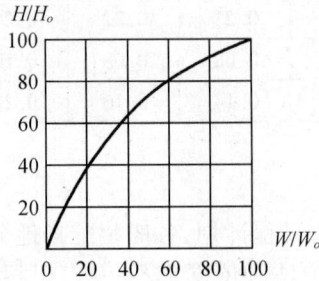

图4-2　工时数消耗率——质量完成率曲线标准图

第二步:以总进度表决定的上船台日期为起始点,制订各工序的开工日、完成日,并绘制这个期间的质量完成曲线,如图4-3所示。

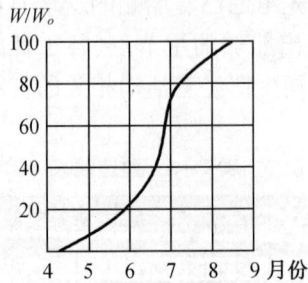

图4-3　质量完成率曲线

第三步:根据上述两种曲线绘制各船的工时累计曲线,再将各船加起来,这样得出每个月的工时数,如图4-4所示。

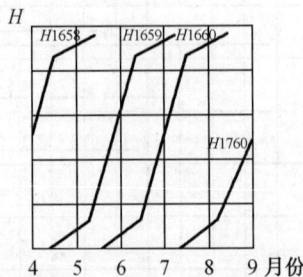

图4-4　各船工时累计曲线

c. 计算出各船所需的总面积,绘制各船所需面积曲线。计算方法如下:

第一步:根据装配场地和船台起重能力,临时分段划分,计算出分段面积,再以装配周期为基础,决定分段的出跨速度,以计算所需总面积。

第二步:先绘制质量完成率——面积需要率曲线的标准图,再根据标准图和质量完成率曲线,绘制面积累计曲线。再将各船的数据加起来,累计出每月所需的面积。

d. 将装配车间每月的能力和每月所需的面积及每月所需的工时数作比较,修正工时数、所需面积的累计曲线。可以进行适当的调整,尽量使工时数和装配面积达到均衡。

e. 以最后得到的所需工时数、所需面积的累计数为基础,制订人员计划和外协计划的方针。

③各装配平台的分类计划

随着船厂规模越来越大,装配平台也越来越专业化,例如部件装配平台有通用部件装配平台、非通用部件装配平台和片段装配平台;分段装配平台有平面分段流水线、曲面分段专用平台、立体分段专用平台、上层建筑分段专用平台;总组平台有艏艉分段总装平台、上层建筑总组平台、其他分段总组平台。因此装配计划的制订还需从平台分类出发拟订装配计划,具体方法如下:

a. 根据部件的种类和质量、分段的类型和质量,将部件和分段进行分类,并统计数量。

b. 在考虑装配平台特点的同时,将各类部件和分段分配给专用装配平台。

c. 在了解各专用装配平台工时数和所需面积累计标准图的情况下,就能立即作出工时数或所需面积的累计曲线。

d. 根据大日程计划的人员计划和每个月各专用装配平台的负荷进行比较,如果需要,可调整各专用平台的工作量或者调整装配日期。

(2)装配工序中日程计划

中日程计划是以各船装配平台分类计划所决定的装配平台使用计划为基础,按各个专业平台而拟订的。一般大日程计划以月为单位的计划,中日程计划以日为单位的计划,见表 4 – 4。

表 4 – 4　装配中日程计划式样

分段号	切割		分段小组立		分段大组立		分段预舾装		分段涂装		总组立		…	
	开始	结束	开始	结束	开始	结束	开始	结束	开始	结束	开始	结束	开始	结束
109														
…														

①中日程计划的目的

a. 使与其他工序有平稳的交接关系。

加工工序与部装工序的交接关系、分段装配工序与部装工序的交接关系、分段装配工序与舾装工序的交接关系、分段装配工序与分段涂装工序的交接关系、分段装配工序与分段总组及搭载工序的交接关系都非常重要。

b. 详细地掌握和平衡各个工序与平台之间的工作量。

在清楚地了解每个工序的管理量之后,就能计算出详细的工时数,并以此为基础均衡每天的工作量,平衡每个工序之间的劳动力分配,制订相关措施确保大计划顺利实施。

②各装配中日程计划的拟订

a.部件装配中日程计划的拟订

部件装配中日程计划是以分段装配的中日程计划为基础而拟订的。先根据分段装配的中日程和部件类型确定各类部件装配平台的管理量(质量、面积、零件数量、装配长度、焊接长度),然后以管理量为基础求出每类部件装配焊接所需的工时数,并依据平台大小、劳动力多少计算出装配天数,在充分考虑分段装配的中日程计划和部件堆场大小的基础上确定部件开工日期和部件完工日期。

b.分段装配中日程计划

分段装配中日程计划是以船坞总组搭载、分段舾装、分段涂装的中日程计划为基础而拟订的。先计算出每个分段的管理量(质量、面积、装配长度、焊接长度),然后根据管理量计算装配和焊接的工时数,并依据部件情况和分段堆场面积确定装配开工日期和完工日期。

c.分段总组中日程计划

分段总组装配中日程计划是以分总段搭载的中日程计划为基础而拟订的。先计算出每个总段总组的管理量(装配长度、焊接长度、总组投影面积),然后根据管理量计算装配和焊接的工时数,并依据分段舾装、涂装情况和总组场地面积、吊车负荷确定总组开工日期和完工日期。

装配中日程计划是按搭载计划——分段总组——分段装配(舾装、涂装)——部件装配的顺序而拟订,每个工序要求累计每周的焊接工时、装配工时并平衡,确保每个工序均衡、连续生产。

4.1.4 装配工序计划的实施与控制

按照装配工序中日程计划,先制订各项工序小日程计划,然后按小日程计划发放派工单,同时按派工单做好每天的物量考核。

(1)小日程计划(派工单)的制订必须依据人员情况、前后工序状态和工序节点而精准制作,见表4-5。

表4-5 工作包式样

工作包	开始时间	结束时间	派工单序号	派工单	物量	预算工时	作业班组
101 大组立	2010-11-12	2010-11-26	01	101 大组立装配	153 TN	520	装配组1
			02	101 大组立焊接	153 TN	550	焊接组1
102 大组立	2010-11-15	2010-11-29	01	102 大组立装配	142 TN	483	装配组1
			02	102 大组立焊接	142 TN	502	焊接组1
103 大组立	2010-11-19	2010-12-3	01	103 大组立装配	80 TN	326	装配组1
			02	103 大组立焊接	80 TN	340	焊接组1

(2)为了装配作业的顺利实施,装配要领要求先行,使施工人员熟悉作业要领。

（3）每日由装配主管召集施工人员开会,检查派工单的执行情况以及时发现问题和制订措施解决问题。

（4）公司每周召开生产总调会,针对出现较大的问题进行协调。

（5）加强零件、舾装件和设备纳期和配套管理,使各个工序生产有序进行。

4.2　装配质量管理

4.2.1　质量管理的目的和组织

1.质量管理的目的

虽然船体的最终质量取决于船台(船坞)工序,但如果放样、加工、部件制造、分段装配等工序不能保证质量,那就不可能保证良好的船体质量。尤其是分段的质量,它不仅影响着船台总组和搭载的质量,而且对船台总组和搭载的进度、工时消耗也有较大的影响。

在具体装配的作业中,我们要求调查影响装配作业质量的主要因素,确定每一道工序的质量控制标准和关键控制点。尤其加工作为船体建造的第一道工序,是确保装配质量的基础,其精度一定要控制在技术条件允许的范围内。另外焊接也是影响装配质量的重要因素,焊接工艺好坏和焊接程序的正确与否也是我们应该非常重视的问题。因此,装配作业质量管理的目的如下：

（1）制定质量标准和作业标准,同时制定达到这一目标的施工要领、工艺文件和作业指导书。

（2）检查装配作业是否按照按照作业标准、工艺文件、施工要领或作业指导书进行。

（3）对没有按照相应作业标准、工艺文件进行施工,或者装配作业没有达到质量标准的,应查明原因制订相应的措施给予纠正。

（4）质量保证。分段完工检验后向船东和船级社提交。对提交不合格的产品,必须通过采取一定措施使之满足质量标准。

随着造船技术的发展,质量管理也取得了较大进步,有关装配质量的各种管理界限值的确定方法、收集装配误差的手段和测量工具、质量自主管理和质量关键点的控制等都有了明显的进步,同时不断完善施工要领,改善作业方法、改革设备、设计工装等,将质量工作不断推向前进。

2.质量管理的组织和其职能

现代装配作业大部分还是依靠人来操作完成的,分段的质量主要还取决于操作人员的体力、心理因素和个人技术,往往因工作经验的多少而有很大的差异,具体表现为每个成品的质量上有很大的差别。为了减少这些差别,利用合理的作业标准以消除这些缺点的同时,还必须提高个人的技术和在组织内经常教育指导,以提高作业人员保证质量的自觉性,养成作业人员自身的责任感和执行能力,同时改善人与人之间、部门与部门之间的关系,激发全体员工完成质量任务的责任观念,所以建立质量管理组织,定期推动质量管理活动是必要的。

由于每个公司的组织、规模、传统有所不同,所以每个公司的质量管理组织也有所不同。一般而言,质量管理组织包括技术管理部门、质量保障部门。

（1）技术管理部门　技术管理部门主要任务是编制工艺文件、施工要领和质量完工标准和作业指导书以及新工艺新技术前期开发、推广等,另外还对施工中不正常的质量情况进行调查、各种现场问题进行及时解决和各种工艺文件等资料进行整理。

（2）质量保障部门 主要编制质量检验标准，按照该标准对加工工序和装配工序中的任意环节进行抽检、对分段完工和搭载完工进行报验，对不良情况进行通报，以便下次改正。同时检查质量管理实施状况、质量管理普及和质量活动开展等。

4.2.2 装配中的质量管理

为了确保装配质量处于可控状态，装配作业人员除了检查是否按照施工图或施工要领进行作业外，还需检查装配关键设备、其他各种重要生产要素是否处于良好的使用状态。

1. 影响质量的各种重要因素

（1）与装配作业有关的重要因素

①装配顺序。

②定位焊情况。包括合适的坡口形状及间隙、正确的定位焊位置、焊条的选择、定位焊焊接方法、防止焊接变形的措施、定位焊的清理和修补。

③装配出现错位。

④装配角度。

⑤装配基准线。

⑥装配中画线、切割的质量。

⑦矫正的措施。

⑧临时支撑和快速定位措施。

⑨引、熄弧板的安装。

（2）与焊接作业有关的重要因素

①手工焊：焊接电流、焊条类型、焊接速度、运条方法、焊脚高度、焊接位置、焊接顺序、焊条的干燥、气象条件、焊渣的清除情况、预热和冷却以及退火措施。

②自动焊：焊接电流、适电弧电压、焊接速度、焊丝的倾斜角度、轨道的精度及直线度、焊机的质量情况、操作人员的技能。

（3）与机械设备、工具、夹具有关的重要因素

①平台精度。

②分段装配夹具。

③装配各种工装、机械设备。

（4）与其他附属作业施工有关的重要因素

①各种工艺马板。

②吊马布置位置。

③分段搁置位置和方式。

2. 利用各种管理图表进行质量控制

为了保证装配的质量和精度，一方面，我们可以通过制订作业标准和机械设备、工具的操作手册等，以减少使质量发生变化的因素；另一方面可以通过管理图表，限制重要管理因素，确保质量控制在可控之内。由于需要管理的因素很多，不可能每一项都进行检查，因而有必要对特定重要的因素制作图表进行检查。在制作管理图表时，最好逆着工序的顺序、追溯质量发生变化的原因，作出系统因果图，就能清楚地表明它们之间的关系，找出发生质量问题的源头。例如，对焊缝装配间隙、肋板和桁材的垂直精度、关键节点、立体分段建造尺寸等重要因素均可设置管理图表来进行质量控制。

3. 自主质量管理

影响质量管理成效的最关键因素是全体作业人员,而开展自主质量管理目的就是使全体作业人员对质量的重要性有充分的认识,充分挖掘人的管理潜能,发挥管理的有效性和高效率,提高施工人员自我发现、自我改进、自我提高的能力,杜绝人为低层次、重复性质量问题,不断提高产品制造质量。自主质量管理的流程见图 4 – 5。

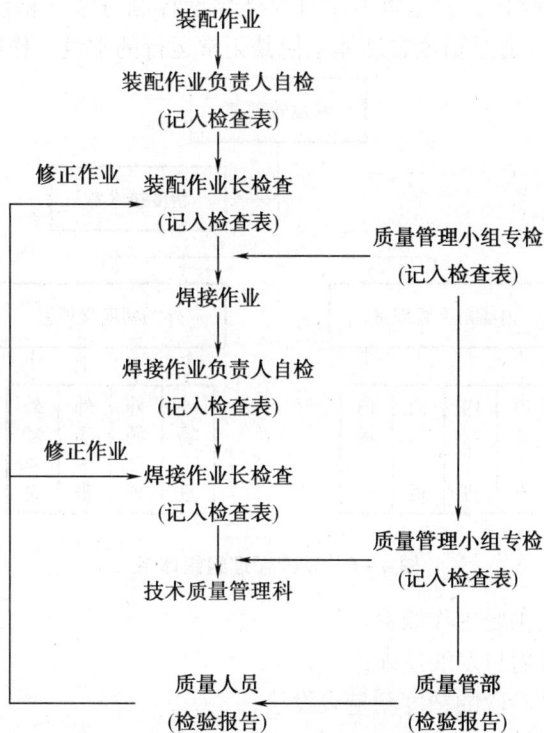

装配作业

装配作业负责人自检
(记入检查表)

修正作业　　装配作业长检查
(记入检查表)　　　　质量管理小组专检
(记入检查表)

焊接作业

焊接作业负责人自检
(记入检查表)

修正作业　　焊接作业长检查
(记入检查表)　　　　质量管理小组专检
(记入检查表)

技术质量管理科

质量人员　　　　质量管部
(检验报告)　　　　(检验报告)

图 4 – 5　自主质量管理的流程

(1)以我为主,提高质量监督检查工作的认识。要自觉落实质量管理的规章制度,全员参与质量管理,全面推进质量自主检查,将质量问题的事后处理向事前的预防转变。

(2)全员参与,规范质量监督检查的工作程序。成立质量监督检查小组,定期按照规章开展监督检查,加强交流和指导,定期对交流反馈结果进行跟踪。

(3)加强统计,明确质量监督检查的工作重点。每一阶段,根据统计结果,对重点质量问题进行及时、有效指导。

(4)注重闭环,提高质量改进的有效性。定期形成质量监督报告,对质量问题进行分类、分析、制订整改措施,同时举一反三,吸取教训。

(5)加强考核,防止重复性问题发生。提倡一次把产品做好。

(6)广泛开展 QC 活动,进一步提高团队自我改进意识。

4. 装配精度管理

装配质量的核心是装配精度管理,产品完工质量标准也是检查装配精度是否符合要求,因此装配精度管理十分重要。

(1)装配精度管理内涵

所谓装配精度管理,就是在船体建造过程中,将船体零件、部件、分段和全船的建造尺寸控制在规定范围内的工作方法和管理制度。它应用统计分析的原理和方法,制订出各工序中每个零件、部件、分段直至总段的最合理的精度标准,以便装配人员控制和掌握零件与分段的尺寸精度,从而实现船体建造全过程的精度控制,使主船体精度达到标准要求或顾客需要。

(2)装配精度管理组织体系

船体装配精度管理组织,就是负责制订船体精度控制方法和精度管理制度,控制船体建造精度的重要因素,并通过精度管理体系使其正常运行的常设工作组织,如图4-6所示。

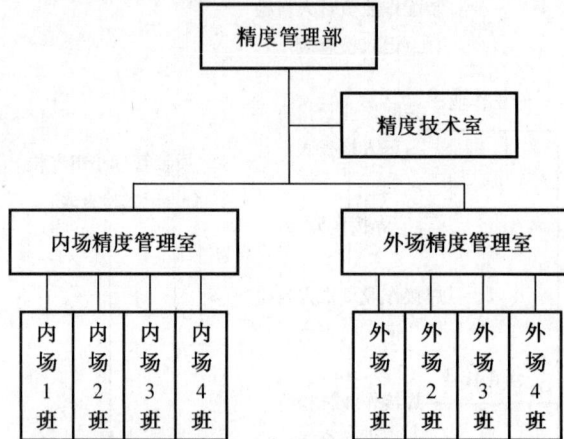

图4-6 精度管理组织体系

①精度管理部门的主要工作职责

a. 公司精度工作计划与发展规划;

b. 公司各产品各个阶段的精度测量表设绘;

c. 各产品的精度测量与检查;

d. 精度测量结果的汇总与问题分析解决;

e. 各生产部门精度实绩的月度年度考核;

f. 各部门精度培训;

g. 先进船厂精度管理调研。

②精度管理室的主要职责

a. 精度技术室的主要工作职责有:

(a)公司精度工作计划与发展规划;

(b)制订精度管理流程,并且进行部门日常管理及体系管理;

(c)公司各产品各个阶段的精度测量表设绘;

(e)精度测量结果的汇总与问题分析解决;

(d)精度内外场班组考核表编制及对作业日报进行汇总;

(f)各生产部门精度实绩的月度年度考核;

(g)组织公司的精度周例会与月度会议;

(h)各部门精度培训;

(i)现场画线人员培训;

(j)精度管理部计划、人事、安全、培训等日常管理工作。

b. 内场精度管理室的主要职责

（a）对切割平台和切割机的监控；

（b）对加工、平直、曲面的平台实行精度管理；

（c）对内场所有的产品进行精度管理监控；

（d）对出现的问题提出修正和解决方案；

（e）数据整理、改善作业方法；

（f）现场工作人员的教育培训；

c．外场精度管理室

（a）对外场所有的产品进行精度监控；

（b）解决外场出现的问题及提出修正方案；

（c）数据整理及改善作业方法；

（d）全面开展全站仪及模拟搭载的使用；

（e）现场工作人员的教育培训。

（3）加工和装配精度管理具体内容和方法

①船体零件加工精度控制内容

a．主板

（a）下料要保证钢板的规格，坡口到位，对于首件下料要进行严格的三检（自检，互检，专检）。

（b）主板的切割公差要求为 ±1 mm，超过 ±2 mm 为不合格，切割机需进行检验校正后才能从开始工作。

b．型材（包括球扁钢、角钢、T 型材等）

型材的长度、直线度、垂直度、断差、R 孔、组装基准线。

c．线型加工

对钢板、角钢等的压弯进行抽检，主要项目包括弧度、余量、长度、宽度以及坡口进行检查。

d．切割设备

（a）对切割机轨道定期检查直线度、水平度（1 次/3 个月）

（b）切割平台的水平度检查（1 次/6 个月）

②船体部件装配（中组件）精度控制内容和方法

a．确认对接主板的尺寸、画线以及组装板材的正确性。

b．对部材的尺寸、基准线、断差、直线度、焊接保留、Back Heating 进行焊后检查。

③船体分段装配精度控制内容和方法

a．胎架制造

（a）胎架制作精度。包括平整度、刚性、间距、相关的水平检验线、中心线和肋骨检验线。对于重复利用的胎架，需在水平检验线上敲上洋冲。

（b）通用胎架要定期对其平整度进行核查，胎架面要用激光经纬仪或水平仪勘测平面，保证其水平度。

（c）曲面胎架线型、地线作业结束后必须报检，合格后才能进行主板作业。

（d）胎架铺板后要求与胎架面固定，严禁不固定或只固定四周就进行装配、施焊。

b．画线（Marking）及基准线施工

（a）画线要保证其外观尺寸和对角线在理论数据范围内，同时需有相关的检验线，用以保证其直线度和坡口的尺寸，并确认主板的尺寸。

（b）必须按基准线施工（100\150M. K），对于合龙时的肋检线等须敲上洋冲。

(c)弹线不宜过粗、过长,对于较粗的画线要及时修改。

(d)画线结束后由施工队提出报验,精度管理人员对其尺寸进行复核使其在理论允许的误差范围内,并做好数据记录,以备焊接收缩数据的积累。

(e)画线验收合格签字后进入下一道工序。

c.焊前检查("B"精度)

(a)生产部门各班组根据工作情况进行自主检查填写精度表后,并填写《Block 检查申请书》,申请"B"检查。

(b)精度管理人员按照《Block 检查申请书》的时间,根据《精度管理基准书》和《精度检查表》的要求对分段进行"B"(焊接以前)精度检查(包括尺寸、水平、垂直度、反变形(为焊接)等),检查合格后填写《精度检查表》并通知现场作业人员进行下一道程序,检查不合格则通知各班组进行修正,修正完了后再由精度管理人员进行复检。

d.焊后检查("C"精度)

(a)生产部门各班组根据工作情况进行自主检查填写精度表后,并填写《Block 检查申请书》申请"C"(焊接以后)精度检查。

(b)精度管理人员按照《Block 检查申请书》的时间,根据《精度管理基准书》和《精度检查表》的要求对分段进行"C"(焊接以后)精度检查(包括尺寸、水平、垂直度、反变形(为烤火作准备)等),检查合格后填写《精度检查表》并通知现场作业人员进行下一道程序,检查不合格通知各班组进行修正,修正完后再由精度管理人员进行复检。

e.Back Heating(背面火工)

(a)生产部门按照生产工序对 Block 进行烤火处理,以减小变形和消除焊接应力,自主检查后填写《Block 检查申请书》,申请"D"(烤火)精度检查。

(b)精度管理人员按公司的《精度基准(试行)》和《精度检查表》的要求对分段进行尺寸、水平、变形、切割余量等管理,检查合格后填写《精度检查表》并通知现场作业人员进行下一道程序,检查不合格则立即通知各班组进行修正,修正完后再由精度管理人员进行复检。

f.涂装保留

为了便于下道工序的对接,在对接部位及 100M.K 的部位实行涂装保留(涂装保留基准参考公司制定的基准)。

④船体总组与搭载装配精度控制内容

a.平台支柱和坞墩的位置排放,及水平调整。

b.总组阶段("B"精度)

(a)生产部门按照生产程序进行 Block P.E(预合龙)工作,自主检查后填写精度测量表,并填写《Block 检查申请书》,申请"P.E"(预合龙)精度检查。

(b)精度管理人员根据公司的《精度管理基准书》和图纸的要求对"P.E"(预合龙)精度进行检查。

(c)检查合格后填写《精度检查表》并通知现场作业人员进行下一道程序,检查不合格则立即通知各班组进行修正,修正完后再由精度管理人员进行复检。

c.总组焊后("C"精度)

(a)焊接完毕后生产部门进行焊后精度确认,如有问题提前进行修正,修正完后填写精度表,并申报精度管理部进行焊后检查。

(b)精度管理部经过检查确认合格后填写精度检查表后,流入道下一道工序。如果不合格由生产部门进行修正后,重新检验直至合格为止。

　　d. BACK HEATING(背面火工)

精度检查合格后进行总段完工后的整形工作。

　　e. 坞内测量

(a)船坞合龙对位后余量切割进行管理控制。

(b)对合龙后的分段/总段进行总体尺寸的确认。

(c)对总段搭载完工后的整形工作进行确认。

(4)加工和装配作业精度控制标准

　　所谓加工和装配作业精度控制标准就是精度造船目标在工序上的细化,每个阶段制订一个精度控制的范围以及极限内容,便于装配施工人员操作。不同的船舶装配精度要求不一样,装配精度标准也随着造船水平的提高也相应提高。表4-6为目前散货船建造的精度控制标准,其他船舶建造可以参照执行。

表4-6　加工和装配精度作业标准

装配作业精度控制标准

序号	区域	项目	图示	检查位置	管理基准	极限范围
1	加工	主板切割		长度 A	±2	±3
2				宽度 B	±2	±3
3	加工	坡口		角度	±0°	±3°
4		钢板 M.K		长度 A	±2	±3
				宽度 B	±2	±3
				对角线 C	±2	±4
				基准长 E	±0	±2
				基准宽 F	±0	±2
				M.K 粗细	±1	±1

表 4−6(续)

装配作业精度控制标准

序号	区域	项目	图示	检查位置	管理基准	极限范围
5	加工	Floor 切割	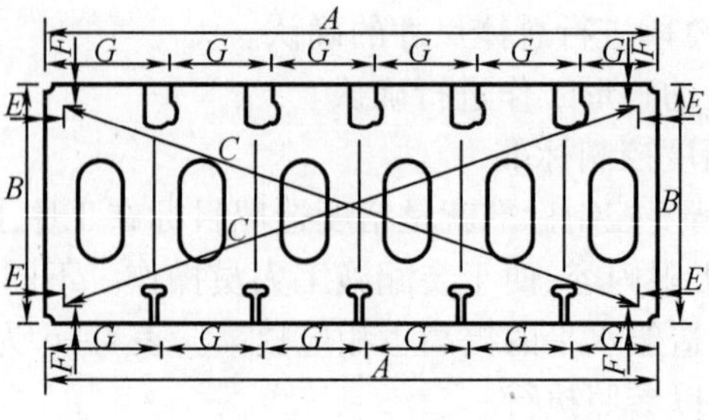	长度 A	±2	±3
				高度 B	±2	±3
				对角线 C	±2	±3
				基准长 E	±2	±2
				基准宽 F	±2	±2
				SLOT 距离 G	±1	±2
6		纵绗切割	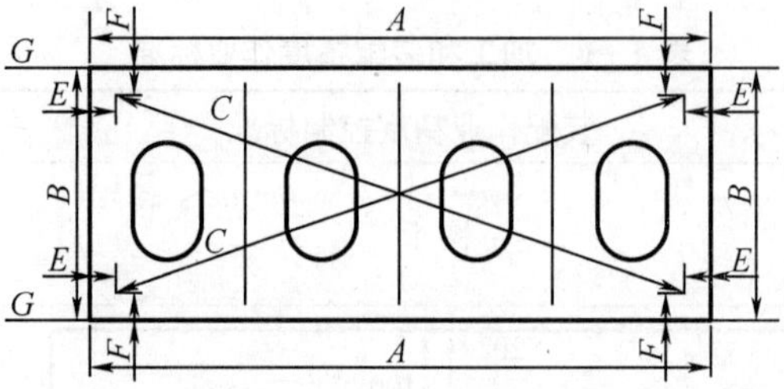	长度 A	±2	±3
				高度 B	±2	±3
				对角线 C	±2	±3
				基准长 E	±2	±2
				基准宽 F	±2	±2
				直线度	±2	±3
7		加强切割	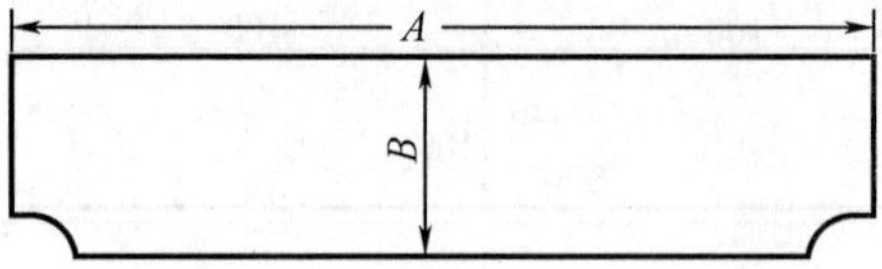	长度 A	±2	+2 ~ −3
				宽度 B	±2	±3
8		内部材	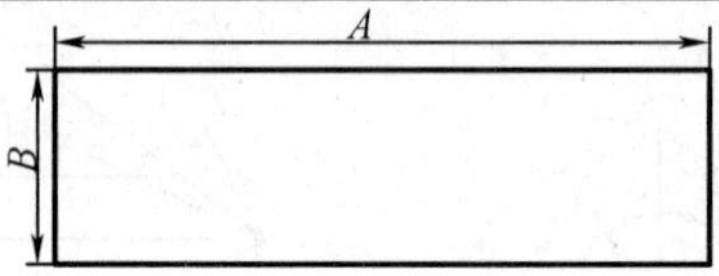	长度 A	±2	+2 ~ −3
				宽度 B	±2	±3
9	冷加工	纵向弯曲构件	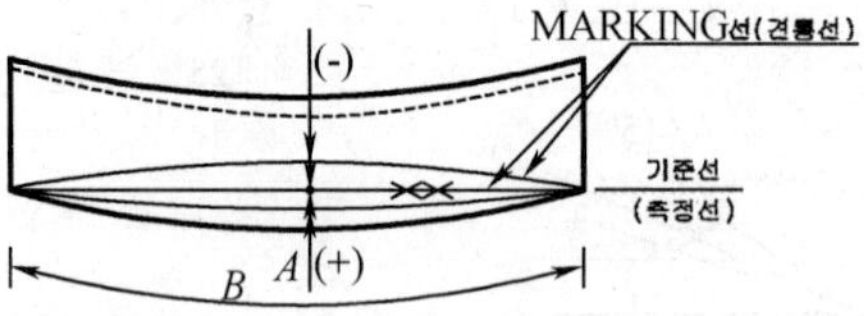	中性线 A	±3	±4
				长度 B	±3	±4
10		曲板构件	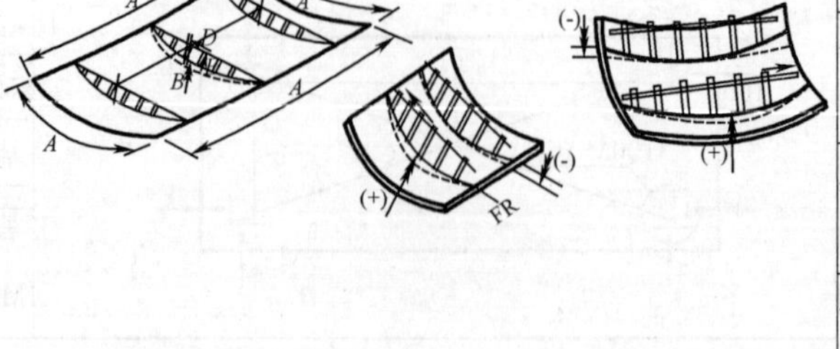	长、宽 A	±3	±4
				横向弯曲 B	±4	±6
				纵向弯曲 C	±4	±6
				垂直中心 D	3 mm 以内	4 mm 以内
				水平中心 E	3 mm 以内	4 mm 以内

表 4 – 6(续)

装配作业精度控制标准

序号	区域	项目	图示	检查位置	管理基准	极限范围
11	冷加工	折弯构件	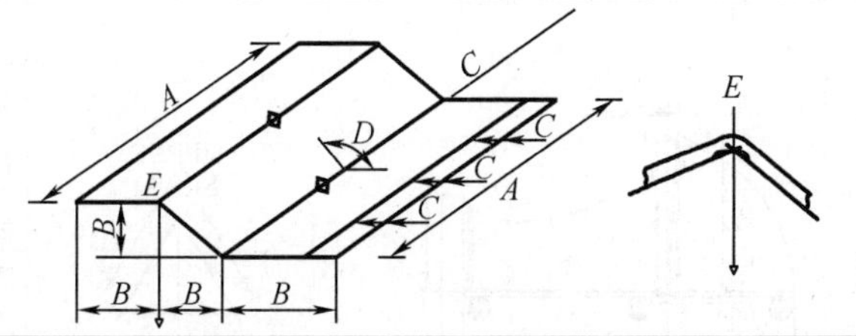	长度 A	±2	±5
				宽度 B	±2	±6
				直线度 C	±2	±6
				折角度 D	±1°	±2°
				垂线 E	±1°	±2°
12		BUILE – UP 构件	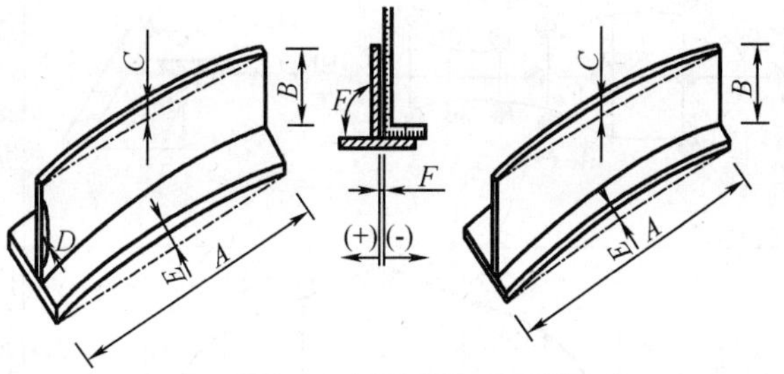	长度 A	±2	±3
				宽度 B	±2	±3
				腹板直线度 C	±3	±4
				腹板垂直度 D	±2	±3
				面板直线度 E	±2	±4
				面板垂直度 F	±2	±4
13		P/LINE 钢板	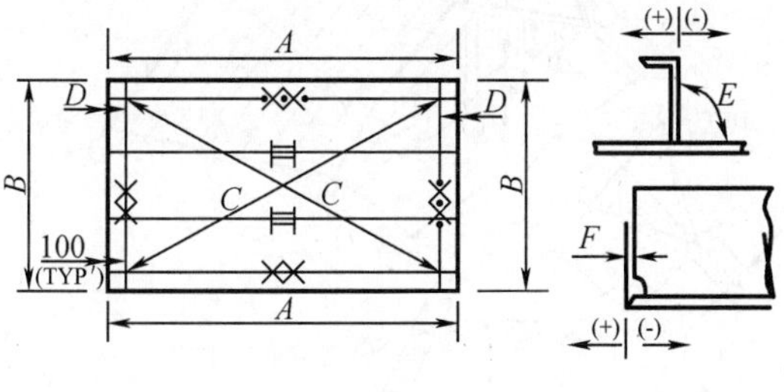	长度 A	±3	±5
				高、宽 B	±3	±5
				对角线 C	±3	±5
				基准线 D	±1	±2
				纵向角度 E	0 ~ +5	0 ~ +8
				纵向落差 F	1 ~ -2	+2 ~ -3
14	组立	PIN – JIG 管理	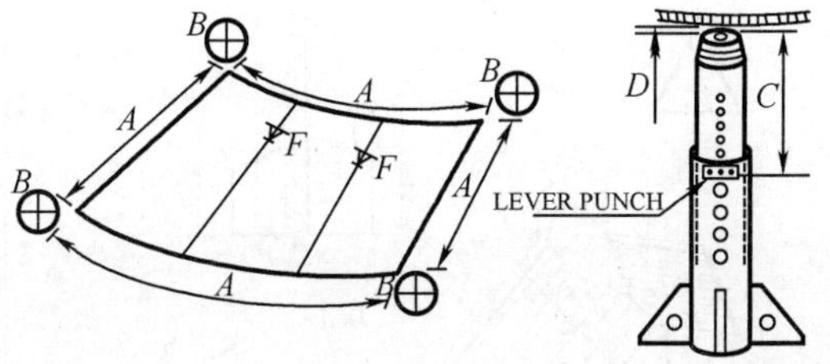	长、宽 A	±3	±4
				坐标	4 mm 以内	6 mm 以内
				胎架高度	±3	±4
				胎架与外板的间隙	4 mm 以内	6 mm 以内

表 4 – 6(续)

装配作业精度控制标准

序号	区域	项目	图示	检查位置	管理基准	极限范围
15		船尾部	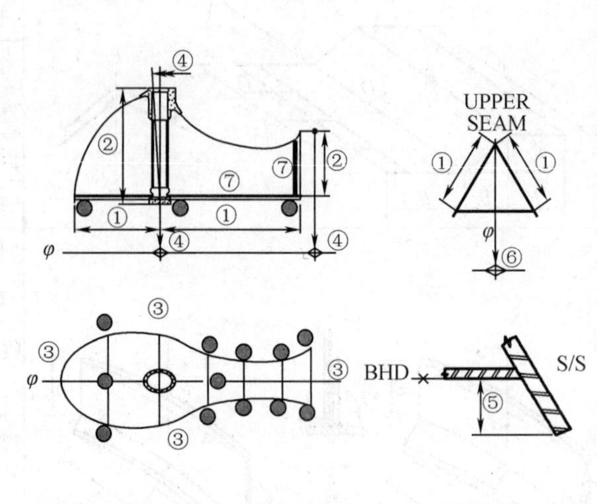	长(实长)1	±3	±5
				宽(高)2	±3	±5
				LEVEL3	±4	±6
				垂直度4	±4	±6
				端差5	±3	±5
				焊接保留6	标准	
				端部背烧7	0 ~ +3	0 ~ +5
				纵向角度8	±4	±6
16	组立	船尾部	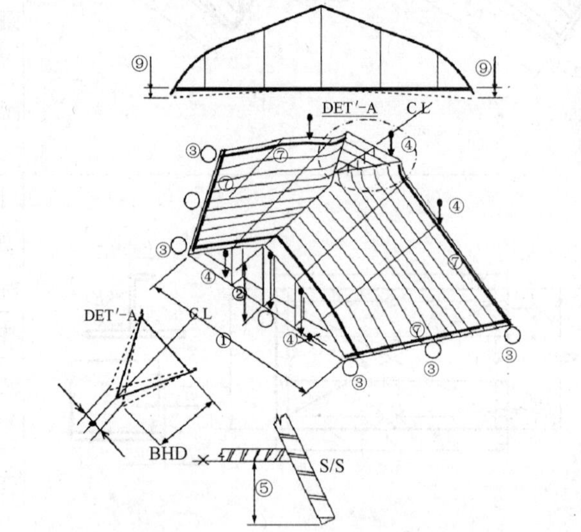	长(实长)1	±3	±6
				宽(高)2	±3	±5
				LEVEL3	±4	±6
				垂直度4	±4	±6
				GIRTH LENGTH	±3	±5
				CENTER LINE	±2	±4
				端部背烧7	0 ~ +3	0 ~ +6
				受力变形		3/1000 mm
17		艉轴部	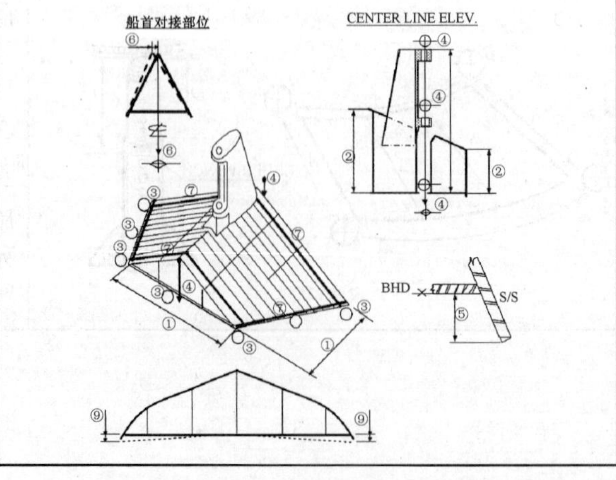	长(实长)1	±3	±6
				宽(高)2	±3	±5
				LEVEL3	±4	±6
				垂直度4	±4	±6
				GIRTH LENGTH	±3	±5
				CENTER LINE	±2	±4
				端部背烧7	0 ~ +3	0 ~ +6
				受力变形		3/1000mm

表 4 - 6(续)

装配作业精度控制标准

序号	区域	项目	图示	检查位置	管理基准	极限范围
18	舷侧部			长(实长)1	±3	±6
				宽(高)2	±3	±5
				LEVEL3	±4	±6
				垂直度 4	±4	±6
				端差 5	±3	±5
				焊接保留 6	标准	
				端部背烧 7	0 ~ +3	0 ~ +6
				纵向角度 8	±4	±6
19	组立		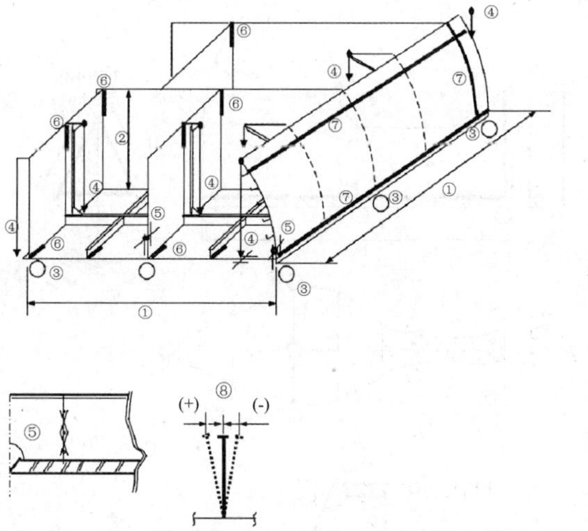	长(实长)1	±3	±6
				宽(高)2	±3	±5
				LEVEL3	±4	±6
				垂直度 4	±4	±6
				GIRTH LENGTH	±3	±5
				CENTER LINE	±2	±4
				端部背烧 7	0 ~ +3	0 ~ +6
				受力变形	3/1000 mm	
20	中间船底部			长(实长)1	±3	±6
				宽(高)2	±3	±5
				LEVEL3	±4	±6
				垂直度 4	±4	±6
				端差 5	±3	±5
				焊接保留 6	标准	
				端部背烧 7	0 ~ +3	0 ~ +6
				纵向角度 8	±4	±6

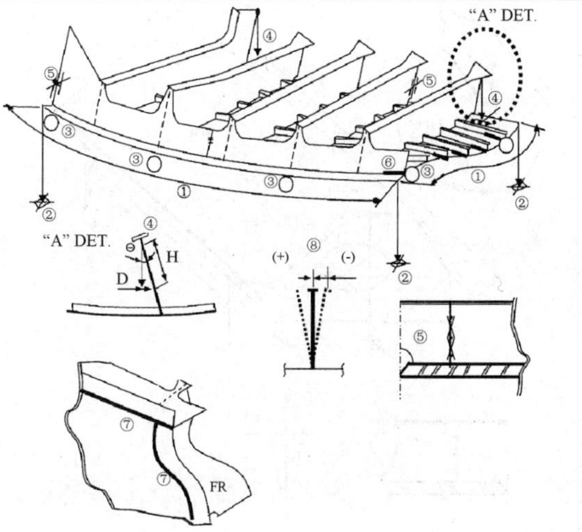

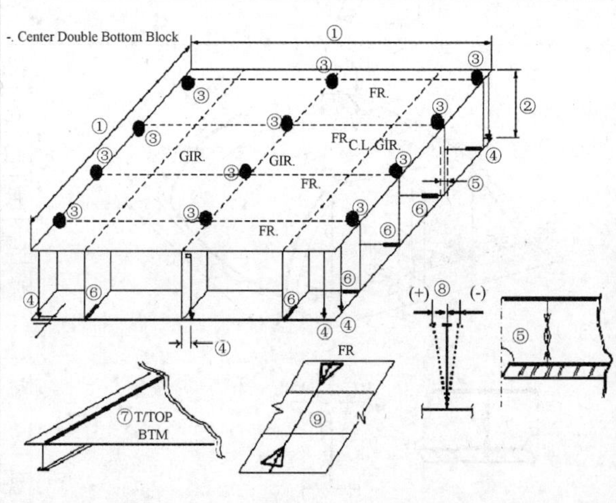

表 4 – 6(续)

装配作业精度控制标准

序号	区域	项目	图示	检查位置	管理基准	极限范围
21	组立	船首部		长(实长)1	±3	±6
				宽(高)2	±3	±5
				LEVEL3	±4	±6
				垂直度4	±4	±6
				端差5	±3	±5
				焊接保留6	标准	
				端部背烧7	0 ~ +3	0 ~ +5
				纵向角度8	±4	±6
22				长(实长)1	±3	±6
				宽(高)2	±3	±5
				LEVEL3	±4	±6
				垂直度4	±4	±6
				GIRTH LENGTH	±3	±5
				CENTER LINE	±2	±5
				端部背烧7	0 ~ +3	0 ~ +5
				受力变形	7 ~ 1000 m	
23		机舱部	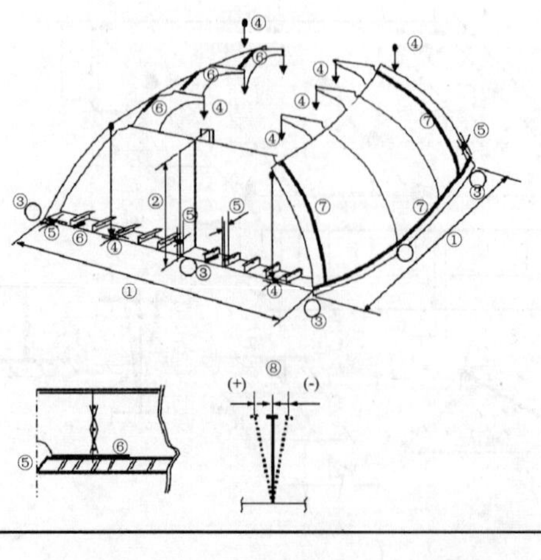	长(实长)1	±3	±6
				宽(高)2	±3	±5
				LEVEL3	±4	±6
				垂直度4	±4	±6
				端差5	±3	±5
				焊接保留6	标准	
				端部背烧7	0 ~ +3	0 ~ +5
				纵向角度8	±4	±6

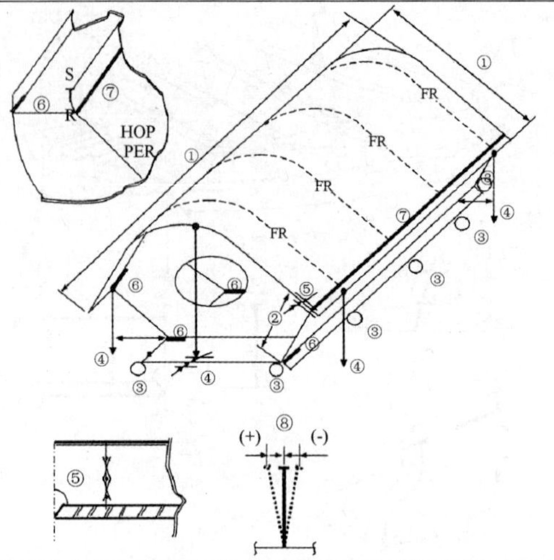

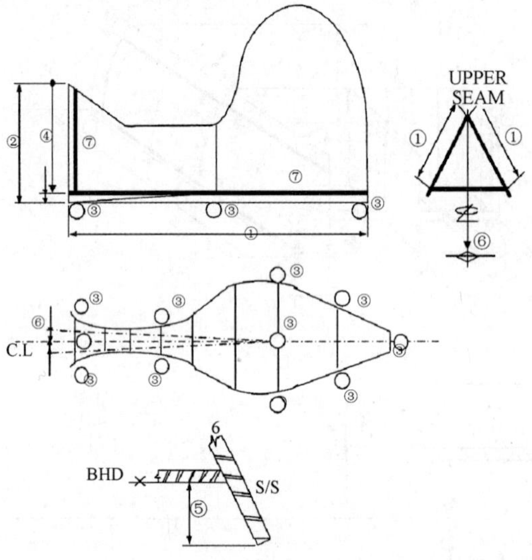

表 4 − 6(续)

装配作业精度控制标准

序号	区域	项目	图示	检查位置	管理基准	极限范围
24	组立	机舱部		长(实长)1	±3	±6
				宽(高)2	±3	±4
				LEVEL3	±4	±6
				垂直度 4	±4	±6
				端差 5	±3	±5
				焊接保留 6	标准	
				端部背烧 7	0 ~ +3	0 ~ +5
				纵向角度 8	±4	±6
25		机舱部		长(实长)1	±3	±6
				宽(高)2	±3	±5
				LEVEL3	±4	±6
				垂直度 4	±4	±6
				端差 5	±3	±5
				焊接保留 6	标准	
				端部背烧 7	0 ~ +3	0 ~ +5
				纵向角度 8	±4	±6
26	船坞	舵轴部		轴长 1	±4	±6
				BOSS END − RUDDER2	±4	±6
				SHOPE PIECE − UPPER GUDGEON 距离 3	±4	±6

表 4 –6(续)

装配作业精度控制标准

序号	区域	项目	图示	检查位置	管理基准	极限范围
	船坞			UPPER GUDEON – DK. STTERING PLATE 上面高度4	±3	±5
				SHAFT C.L LEVEL5	±1	±2
				SHAFT C.L 移动(左、右)6	±3	±5
				SHAFT C.L 高度7	±4	±6
				移动DK.上的LOW UPP. GUDGEON(包括SHOPE PIECE)8	±4	±6
				GUDGEON C.L与SHAFT C.L重合合误差9	±4	±6
27		合龙	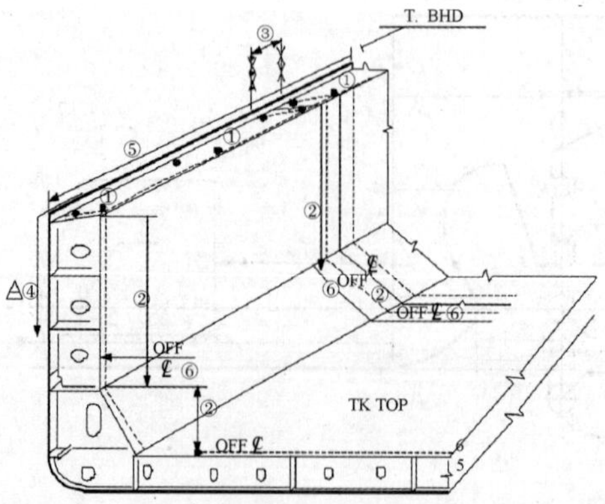	LEVEL1	±5	±8
				高度2	±5	±8
				CONT.L SPACE3	±5	±8
				垂直度4	±5	±8
				长度	±5	±8
				宽度	±5	±8

表 4 - 6(续)

装配作业精度控制标准

序号	区域	项目	图示	检查位置	管理基准	极限范围
28	船坞	合龙		LEVEL 1	±5	±8
				高度 2	±5	±8
				CENTER LINE 移动 3	±5	±8
				CONT. L SPACE 4	±5	±8
				垂直度 5	±5	±8
				长度 6	±5	±8
				宽度 7	±5	±8

5. 完工检查

装配完工检查是对装配完工的质量评定,也是向船东、船级社提交前的自检,进一步提高提交合格率。因此,质量保证部门应根据检查标准对完工分段作各方面的检查和测量,与规定的质量标准进行比较,在保证质量的前提下,提出处理意见。

因为装配在完工后检查,如果发现质量问题要求修正,可能会造成较大的损失,所以应重视在装配过程中的自检工作,使问题提早发现和纠正。完工检查只是作为最终质量保证而采取的手段。

装配工序完工检查的内容有:

(1)对完工部件的装配精度、焊脚高度、焊接表面质量等进行检查和处理;

(2)完工分段的装配精度、焊脚高度、焊接表面质量等进行检查和处理;

(3)对焊接部位内部情况进行非破坏性检查,根据具体情况有时要进行破坏性检查;

(4)对分段完工检查要求的所有项目进行检查;

(5)填写检查报告,分析装配质量好坏,并对不合格现象提出处理意见。

综上所述,分段完工前的检查,一般以作业人员自主检查为主;分段完工后,以质量保证部门专职检验员检查为主。如有问题,待作业人员消除检查出来的所有问题后再向船东、船级社提交,并出具质量检查报告。

检查标准一般规定有检查项目、测定部位、测定方法、评定标准、检查报告等,对完工检查主要有精度检查、焊接部位外观检查、焊接部位非破坏性内部检查和完整性检查。

6. 不良质量的处理和预防措施

(1)不良质量的处理

处理不良质量问题一般由现场技术主管来解决。因而一旦发现了不良质量问题,就要查明产生问题的原因,立即制订适当的措施,并以工艺单的形式向施工人员下达整改措施,要求施工人员马上贯彻执行。与此同时,向质量、精度或设计管理部门反馈不良质量产生的原因,进一步追查质量责任人和不良质量产生的源头,杜绝今后再次发生类似问题。

（2）不良质量的预防

制订防止产生不良质量的措施,不仅是质量管理的重要内容,也是提高生产效率,保证工序正常推进的有效措施。在装配工序操作过程中,如果一旦发现错误操作,不管是外部原因,还是人为因素,如果能从根本上制订措施解决,那么应尽快制订质量标准、操作要领,将质量控制在允许的范围内。预防不良质量可以采取以下措施:

①质量管理小组使用不良质量问题追查单,彻底查明其产生的原因;

②将不良质量产生的原因进行统计、归类、分析,拟订各种情况发生下的改进措施。

③预防措施的实施:

a.上报装配工序完工阶段允许精度的修订和作业指导书的改进;

b.对施工人员进行作业要领技术交底,尤其是容易产生不良质量的部位和原因,提醒施工人员密切关注;

c.要求相关部门对有关机械、设备、胎具、工具进行革新和对作业环境进行改善;

d.发布质量状态,加强质量意识宣传,对员工定期进行质量教育;

e.举办小组质量 QC 活动,发掘质量持续改进措施。

4.3　装配安全管理

4.3.1　装配安全管理的意义

工业是为了社会的发展和人类的幸福而存在的,然而由于工业事故会带来很多不幸,甚至造成终身残疾或者夺走人的生命,最终造成家庭的不幸。因此,从珍惜人的生命角度出发,安全管理是坚持社会人道主义、保护产业工人幸福的一种必要手段。

工厂的安全也能带来很大的经济效益。反过来说,如果发生了事故,其影响也是非常广泛和深远的。事故不仅会造成受害者经济上和精神上的损失,而且会使工厂和社会蒙受经济的损失。如果工厂能维持良好的安全环境,则对公司提高生产效率带来有利影响。因此,从减少损失,创造提高生产效率的良好环境,安全管理是非常重要的第一步。

"安全第一、质量第二、生产第三","管生产,必须管安全",这已成为所有企业管理的共识。管理人员和作业人员必须将安全放在首位,无论在什么时候都不能忘记安全。安全管理需要正确处理好以下四个方面的关系,并不断加以改善。

1. 作业教育

公司对员工安全负有重大的安全教育责任,如对公司新员工进厂安全教育、对新工艺和新技术运用的安全教育、对岗位变动和工作环境改变的再教育等。没有经过安全教育和教育不合格的人员不得上岗操作。

2. 作业改善

随着技术和社会的发展,船体装配技术也日新月异地发展。为了提高生产效率、改进产品质量,必须持续改善作业方法。但改善作业方法要求在改善操作的同时,也要将不安全因素加以改进。

3. 生产环境

从作业环境来看,各种工具设备的放置位置应对作业效率最有利,生产管理最简单,但同时必须考虑是否存在安全隐患,是否对人员的身心健康有损害。例如由于生产进度需要工人加班至深夜时,对操作人员的工作和健康状态要慎重考虑。无论从事什么生产,不得损害人的身心健康。

4.集体与个性

对生产工人要求他们做到不伤害自己,不伤害他人,不被他人伤害。这要求体现了安全管理除了依靠个人外,还必须有全体员工集体的努力。也体现了每个员工不仅要关心自己的安全,也要关心他人的安全。每个管理人员除了对作业的场所和操作内容的安全隐患加以事前提醒外,还需对每个作业人员的个性和情绪在作业过程中加以注意和控制。

4.3.2　事故的发生和预防措施

事故发生的原因并不是单一的,而大多数是因为各种原因综合造成的。既有物的原因,又有人的原因。物的原因包括设备的故障、保护工具不完备、服装不恰当、作业环境影响等;人的原因包括生产管理不善、作业分配不恰当、事前教育不够、违反规则、作业方法不良、人的精神状态不佳等。按照事故发生的因素可将事故原因分成不可避免的和可避免的,可避免的原因又划分为物的原因(不安全状态)和人的原因(不安全行为)。根据统计,可以避免的原因占全部事故的98%,因此安全事故是可以预防的。

事故不是自然而然地发生的,是由人和物的原因造成的。这种原因就是人的行为和物的状态不安全性造成的,而人为造成的事故还与人的缺点和过失有关,与人生活的背景息息相关,因此,为了防止事故,必须经常努力杜绝不安全行为和状态。根据亨利希法则,通常公司里每发生一起死亡或重伤事故,就有29件轻伤事故和300件无伤事故发生。虽然实际事故统计结果并不　定与该比例完全符合,但死亡或重伤事故确实伴有许多轻伤或无伤事故。因此,为了防止重大事故发生,在发生轻伤事故或险兆事故时,要求将事故原因调查清楚,举一反三,并采取措施进行防范。

每个行业有自己的特点,事故的发生也是有大量案例可寻的。在造船行业中代表性的事故和预防措施如下:

1.高处坠落

由于造船企业高空作业较多,所以重大事故中坠落事故占比例也较大,并且高处坠落事故不是死亡就是重伤,几乎都因操作失误或粗心大意而造成。因此,解决高处坠落事故的对策主要由高空作业的安全教育和在高空作业采取完善的防坠落措施相结合。具体措施如下:

(1)一般预防措施

①高空作业应多加小心,避免冒险。

②作业应佩带防护用具,姿势恰当,使用锤子、扳手时应特别注意。

③不做不合理的作业。

④2 m 以上的高空作业应使用保险带,如果作业场所中无法系结保险带,则应挂设安全缆以便拉住保险带,或者张设安全网。

⑤高空作业时要穿工作鞋,安全帽带子要系牢,尤其下雨天、下雪天和刮风时脚步要特别留神。

⑥有高空禁忌人员,或者感觉身体不适、昨晚睡眠不充分的人员要求调离高空作业岗位和暂时离开岗位。

（2）脚手架措施

①脚手架搭设的材质、方法均按照设计要求进行，搭设前按照规定的方法进行检查，符合条件的才能投入使用。

②脚手架搭设过程中应该设围和放置醒目标志，无关人员不得入内。

③脚手架的扶手等要牢固安装，非有关人员不得随便移动。

④脚手架上不得堆放重物，也不得放置工具、铁片等物。

⑤脚手架上不应有砂子、油料和切削屑等，如有则应迅速处理。

⑥人在脚手架上不能一边走路，一边向下撤落物体。

⑦脚手架使用时，要求有人巡视，使其保持良好状态。若发现危险处，应出示危险标记，并由相关人员从速处理。

⑧在脚手架上进行焊接和切割时，要防止火花四处飞溅。

（3）梯子、栈桥等措施

①梯子应使用整节梯，不可使用折梯。

②梯子应使用钢制类梯子，现场一般不使用竹梯。

③梯子应采取防滑措施，两端应固定。

④梯子与壁面的倾角以 15° 为宜，并且梯子上端应伸出 600 mm 以上。

⑤上、下梯子时不应手持工具，工具应放在工具袋内。

（4）开口部位的措施

①开口的部位的周围必须设置坚固的围栏。

②开口的部位应保证充分的照明。

③吊挂红布以表示危险区域

2. 飞落击伤

飞落击伤事故大多数原因是整理和整顿不善，搬运物体过程中有物体自高处落下造成人员伤亡，如果是起重机吊运物体，发生物体下落时，引起重大事故的可能性最大。应注意以下几点。

（1）起重工应有明显的标志（橙色的安全帽、橙色的工作服、配备一枚哨子），并根据作业内容按规定正确选用和穿戴好个人防护用品，持证上岗。

（2）每次作业前，必须对吊索具、作业现场认真检查，落实安全措施，并注意观察人员动态。

（3）熟悉各种起重设备的基本性能和规格，对钢丝绳及吊索具等应按安全规定和额定负荷使用。同时经常对钢丝绳的吊索具进行检查、保养、妥善保管。

（4）进行起重吊运、吊装前，应准确掌握物体的质量、形态和重心，检查吊环焊接情况，做好吊点的固定及选配吊索具等准备工作。

（5）吊运物件应保持平衡，吊挂绳之间的夹角不能大于 120°，具体夹角参数标准参考《吊装作业指导书》，特殊物件应选用专用吊具。

（6）起吊物件应有专人负责，统一指挥。指挥时不准戴手套，手势要清楚，信号要明确，不得远距离指挥吊物运行。起吊过长过大等大型重吨位物件时，必须先试吊，离地不高于 0.5 m，经检查确认稳妥，并用绳索牵结物件保持平稳，方可指挥吊运行。

（7）大型物件及船体分段翻身吊运前，应划出禁界区，检查各点受力情况及吊攀（小耳朵）的焊接质量，并经试吊，确认安全可靠，方可指挥起吊翻身。

(8)用两台起重机同时起吊一个物件时,应按起重机额定载质量的80%合理分配,统一指挥,步调一致,稳步吊运。严禁任何一台起重机超负荷吊运。

(9)吊运物上的零星物件必须清除,特别是船体分段内的边角余料等杂物事前要检查清除,防止吊运中坠落伤人。

(10)不规则的管子,禁止成捆吊运,大口径弯管必须单根吊运,且用专用吊绑带。

(11)管件叠堆物要摆放稳妥、整齐,堆放不能过高,大口径管子等类似物件要垫妥。

(12)吊运物件,应尽量在吊行道上通行。吊物上不准站人。吊物不准在人头上越过。

(13)多人操作要密切配合,步调一致,统一指挥。起吊前,应待操作者的手、脚离开绳索或链条等的结合处后才能指挥起吊,以免轧伤手指和压伤脚部。

(14)吊运、装卸物件,必须留有充分的安全余地。人不准站在死角(下风);攀登高处作业要步步留神站稳,防止踏空坠落。

(15)叠堆物件要稳妥,不能过高。船上堆放物件不得靠近船舷、舱口、梯口等开口的边缘处,防止坠落。

(16)严格遵守起重机"十不吊"。

3. 触电伤害

装配作业中易发生触电事故的场合大致有以下几种:

(1)电焊作业

电焊作业时,要采取的预防措施主要有以下几点:

①正确穿戴劳防用品。

②确保工作场所有效通风,照明良好,预防施工人员大出汗。

③检查工具、设备是否完好,焊机的外壳是否有可靠的接地。

④在拉皮带时,要注意皮带是否被其他物件挂住,不要强拖硬拉,更不要拉龙头线一端,防止物件被皮带带动落下和脱头伤人。

⑤焊钳必须绝缘良好。焊线要经常检查、整理,如发现破皮轧坏等,应及时用胶布包扎好或调换,防止短路。

⑥必须执行双人监护制。

⑦焊接时皮带要放置好,以免被熔渣烧坏或被坠落物压到。

⑧在狭窄舱室工作必要时安装电击预防装置。

(2)配电作业

预防措施主要有以下几点:

①正确穿戴劳防用品。

②非电工不得进行110 V及以上电气操作。

③临时用电应履行申请手续,并得到批准后才能用电。

④工作前,必须检查工具、测量仪器和绝缘用具的灵敏安全可靠。禁止使用失灵的测量仪器和绝缘不良的工具。

⑤工作临时中断后或每班开始工作前,都必须重新检查电源,验明无电,方可继续工作。

⑥220 V,380 V临时电源线周围应拉设警示旗。

⑦220 V及以上电源线中间不得有接头。

⑧电箱、电焊机及其开关门完好。

⑨220 V 移动电器(包括临时照明灯)安装漏电保护器。

⑩任何电器设备未经验电,一律视为有电,不准用手触及。开关跳闸后,须将线路仔细检查一遍,方可推上开关,不允许强行送电。相线和中线应该标明。

⑪不准带电操作。凡校验及修理电气设备时,应切断电源,取下熔断器,挂上"有人工作,禁止合闸"的警告牌。停电警告牌应谁挂谁取。

⑫一般不准带电作业。遇有特殊情况不能停电时,应经领导同意,必须在有经验的电工监护下,划出危险禁界区域,采取严格的安全绝缘措施方能操作。

⑬带电装卸熔断丝时,要戴好绝缘手套,必要时使用绝缘夹钳,站在绝缘垫上。熔断丝的容量要与设备和线路安装容量相适应。不得使用超容量的熔断丝,严禁用铜丝代替熔断丝。

(3)其他作业

其他作业应注意间接触电、电线漏电触电。

4. 爆炸、火灾事故

由于造船厂经常要使用氧气和可燃气体以及涂料,所以极容易发生火灾事故,甚至爆炸事故。为了防止类似事故的发生,除了对操作人员进行安全教育外,作业时应注意以下几点:

(1)操作人员应正确穿戴劳防用品,掌握气体的性质和危险性。

(2)作业区域可燃物清除。

(3)工作场所有效通风,照明良好。

(4)工作前检查皮管、接头、焊割炬和气阀开关、气瓶减阀及压力表等附件是否完好。管道输供气阀门及紧固件应紧固牢靠,无漏气。

(5)皮管接头要用夹箍及铅丝扎紧,如图 4 - 7 所示。

图 4 - 7　皮管接头扎紧示例

(6)在拉设皮管时,应处于无气状态。

(7)狭小舱室工作时要求监护人到位,有效消防器材到位。

(8)凡属一、二、三级动火范围的作业,未经批准,不得擅自焊割。

(9)不了解作业现场及周围的情况,不了解焊、割内部是否安全,不能盲目焊割。

(10)盛装过易燃、有毒物质的各种容器,未经彻底清洗,不能焊割。大型油柜、油罐清洗后,未经气体测爆合格的不烧。

(11)用可燃材料做保温层的部位及设备,未采取可靠的安全措施,不能焊割。

（12）有压力或密封的容器、管道不能焊割。

（13）附近有易燃易爆物品，在未彻底清理或采取有效的安全措施前，不能焊割。

（14）作业部位与外部位相接触，在未弄清对外部位是否影响，或明知危险而未采取有效的安全措施，不能焊割。

（15）作业场所附近有与明火相抵触的工种作业，不能焊割。油漆时应特别标明"闲人莫入"，并设置围栏等。

（16）皮管敷设的途径四周应无熔渣、余料落下和火星聚集情况。

（17）皮带起火燃烧时，应迅速将后面一段皮带绞紧，截断气源使之熄灭。

（18）禁止使用气割龙头的火焰作照明或取暖用，严禁使用氧气作通风气源或吹身用。

（19）在油漆作业后进行焊接、气割作业前，必须事先检测气体。

（20）作业结束后或者中断作业，必须将割炬、软管从现场收回，并检查气源阀是否漏气。

5. 窒息事故

通常，当空气中的氧气的浓度下降到 16% 时，人体就会出现氧气缺乏症状；如果氧气的浓度进一步下降，就可能出现窒息死亡。通常采取以下措施防止窒息事故。

（1）在封闭舱室工作时，应该事先测定氧气的浓度，在确认安全的情况下开始操作。

（2）在封闭舱室工作时，如果要使用到特殊气体（如氩气、氦气），除双人监护外，应设置控养仪器，随时监测氧气的浓度。

（3）在进行有缺氧危险作业时，除双人监护外，应使用空气呼吸器、氧气呼吸器等确保作业安全。

6. 气体中毒

造船企业气体中毒主要有三种类型：一是由气割所用和产生的气体中毒，二是由电焊所产生的气体中毒，三是由涂料所散发的气体造成中毒。主要采取的防范措施有以下几点：

（1）对工作的场所采取自然通风和机械通风，保持空气充分交换。

（2）在有害气体的场所工作时，应根据气体的种类选用合适的口罩进行工作。

（3）在油漆完毕的舱内进行作业前，必须先测定气体成分，在确定没有危险的情况下才能进入工作。

（4）身体应尽量不暴露在外，不穿严重油污的工作服作业。

7. 烧伤

在造船企业中，经常遇到电焊、切割、预热等作业，特别是在狭窄场所作业时。经常会发生由电焊的弧光、熔融金属、焊渣、火花以及气焊与气割的火花、熔珠、火焰等造成的烧伤。对烧伤应采取以下措施进行预防。

（1）操作人员应正确穿戴劳防用品，包括手套、面罩、安全鞋、防护眼镜等。

（2）工作服应保持清洁，特别不穿油污的工作服进行工作。

（3）作业中尽量不露出皮肤。

（4）作业前应检查作业环境；作业时不应对周围的人有危险，必要时应使用屏风、挡火板等。

8. 压伤和撞伤

压伤和撞伤事故通常发生在机械、装置移动，起重作业和装配零部件装配时，一旦发生事故,都会对身体造成较大的伤害,甚至残疾和死亡。为防止这类事故的发生,必须采取以下措施。

（1）必须充分保证机械之间的通道以及起重机、车辆、与障碍物的间距。

（2）指定机械、装置的责任操作人员,其他人员不得操纵。

（3）如果机械或装置在运动时有一定的危险,应设置"闲人勿近"的标记,必要时可以派人监督。

（4）对机械、装置进行定期维护、清理、检查,时刻保持机械、装置正常运转。

（5）操作人员应严格按照操作规程进行操作。

4.3.3　安全管理重点措施

现代企业追求以人为本的发展目标,确保人身安全是每一个公司的基本使命,也是每一企业家的基本责任。在今天,安全与生产紧密联系在一起,与企业的利益也休戚相关。

安全管理的直接目的是防止事故于未然,为此重点采取以下措施加以推进。

（1）安全教育。

（2）"5S"管理

（3）安全检查。

（4）设置安全栏杆和安全装置。

（5）其他降低安全事故发生率的措施。

1. 安全教育

在安全事故统计中,由作业引起的事故占到 70% ~ 80% ,因此,操作人员是事故的最直接的关系者。如果加强人员的安全教育,加强人员的安全管理,应该成为安全管理最重要的一环。

安全教育有讲解方式、实习方式和会议方式,安全教育的对象也应该区别对待。作业长和班组长的工作年限长,对有关的操作方法和施工场所非常熟悉,安全意识较高,应该成为安全管理的核心人物;一般操作人员的安全教育训练旨在提高他们的安全认识,在灵活使用各种方法进行安全教育的同时,还要求他们养成作业前进行岗位分析,明确安全责任,控制危险源,使他们养成安全作业的责任感和自觉性;对劳务工和临时工,由于流动性较强,安全知识贫乏,安全意识淡薄,是目前发生安全事故的主体,应该针对他们编写安全培训教材,集中进行安全培训,切实掌握最低限度的安全操作基本知识后开始进行作业,并在作业的实践中进行指导教育,以逐步提高他们对安全生产的认识。

2. "5S"管理

"5S"管理源于日本,指的是在生产现场,对材料、设备、人员等生产要素开展相应的整理、整顿、清扫、清洁、素养等活动。"5S"管理是通过规范现场、现物,营造一目了然的工作环境,培养员工良好的工作习惯,其最终目的是提升人的品质。革除马虎之心,养成凡事认真的习惯;遵守规定的习惯;自觉维护工作环境整洁明了的良好习惯;文明礼貌的习惯。

（1）"5S"管理的作用、目的和实施要领

①整理

a. 整理的作用

将工作场所任何东西区分为有必要的与不必要的;把必要的东西与不必要的东西明确地、严格地区分开来;不必要的东西要尽快处理掉。

b. 整理的目的

尽量腾出作业现场的空间,空间可以再利用;防止物品的误用、误送;塑造清爽的工作场所。

生产过程中经常有一些残余物料、待修品、待返品、报废品等滞留在现场,既占据了地方又阻碍生产,包括一些已无法使用的工夹具、量具、机器设备,如果不及时清除,会使现场变得凌乱。生产现场摆放不要的物品是一种浪费:即使宽敞的工作场所,将愈变窄小;棚架、橱柜等被杂物占据而减少使用价值;增加了寻找工具、零件等物品的困难,浪费时间;物品杂乱无章的摆放,增加盘点的困难,成本核算失准。要有决心,不必要的物品应断然地加以处置。

c. 实施要领

(a)自己的工作场所(范围)全面检查,包括看得到和看不到的;

(b)制定"要"和"不要"的判别基准;

(c)将不要物品清除出工作场所;

(d)对需要的物品调查使用频度,决定日常用量及放置位置;

(e)制订废弃物处理方法;

(f)每日自我检查。

②整顿

a. 整顿的作用

对整理之后留在现场的必要的物品分门别类放置,排列整齐;明确数量,并进行有效地标识。

b. 主要目的

使工作场所一目了然;创造出整齐的工作环境;消除找寻物品的时间;消除过多的积压物品。这是提高效率的基础。

c. 实施要领

(a)前一步骤整理的工作要落实;

(b)流程布置,确定放置场所;

(c)规定放置方法、明确数量;

(d)画线定位;

(e)场所、物品标识。

整顿的"3 要素":场所、方法、标识。放置场所:物品的放置场所原则上要 100% 设定;物品的保管要定点、定容、定量;生产线附近只能放真正需要的物品。放置方法:易取;不超出所规定的范围;在放置方法上多下工夫。标识方法:放置场所和物品原则上一对一标示;现物的标示和放置场所的标示;某些标示方法全公司要统一;在标示方法上多下工夫。

整顿的"3 定"原则:定点、定容、定量。定点:放在哪里合适;定容:用什么容器、颜色;定量:规定合适的数量。

③清扫

a. 清扫的作用

将工作场所清扫干净,保持工作场所干净、亮丽的环境。

b. 主要目的

消除脏污,保持职场内干净、明亮;稳定品质;减少工业伤害。

c. 实施要领

(a)建立清扫责任区(室内外);

(b)执行例行扫除,清理脏污;

(c)调查污染源,予以杜绝或隔离;

(d)清扫基准,作为规范。

④清洁

a. 清洁的作用

将上面的 3S 实施的做法制度化、规范化,并贯彻执行及维持结果。

b. 主要目的

维持上面 3S 的成果。注意点是制度化,定期检查。

c. 实施要领

(a)前面 3S 工作;

(b)考评方法;

(c)奖惩制度,加强执行;

(d)主管经常带头巡查,以表重视。

⑤素养

a. 素养的作用

素养就是培养每位成员养成良好的习惯,并遵守规则做事。可以通过晨会等手段,提高全员文明礼貌水准。开展 5S 容易,但长时间的维持必须靠素养的提升。

b. 主要目的

培养具有好习惯、遵守规则的员工;提高员工文明礼貌水准;营造团体精神。注意点是长期坚持,才能养成良好的习惯。

c. 实施要领

(a)服装、仪容、识别证标准;

(b)共同遵守的有关规则、规定;

(c)礼仪守则;

(d)训练(新进人员强化 5S 教育、实践);

(e)各种精神提升活动(晨会、礼貌运动等)。

(2)"5S"管理方法和活动手法

①5S 管理常用方法

a. 整理(Seiri)

整——有秩序地治理,理——系统。工作重点为理清要与不要。整理的核心目的是提升辨识力。整理常用的工具和方法有:

(a)抽屉法　把所有资源视作无用的,从中选出有用的。

(b)樱桃法　从整理中挑出影响整体绩效的部分。

(c)四适法　适时、适量、适质、适地。

(d)疑问法　该资源需要吗? 需要出现在这里吗? 现场需要这么多数量吗?

b. 整顿(Seion)

整——修饰、调整、整齐,顿——处理。将整理之后资源进行系统整合。整顿可以最大限度地减少不必要的工作时间浪费、运作的浪费、寻找的浪费、次品的浪费。整顿提升的是整合力。常用的工具和方法有：

（a）IE法　根据运作经济原则，将使用频率高的资源进行有效管理。

（b）装修法　通过系统的规划将有效的资源利用到最有价值的地方。

（c）三易原则　易取、易放、易管理。

（d）三定原则　定位、定量、定标准。

（e）流程法　对于布局，按一个流的思想进行系统规范，使之有序化。

（f）标签法　对所有资源进行标签化管理，建立有效的资源信息。

c. 清扫（Seiso）

清——清理、明晰，扫——移除、结束。将不该出现的资源革除于责任区域之外。清扫可以将一切不利因素拒绝于事发之前，对既有的不合理的存在严厉打击和扫除，营造良好的工作氛围与环境。清扫提升的是行动力。清扫常用的工具和方法有：

（a）三扫法　扫黑、扫漏、扫怪。

（b）OEC法　日事日毕，日清日高。

d. 清洁（Seiketsu）

清——清晰、明了、简单，洁——干净、整齐。持续做好整理、整顿、清扫工作，将其形成一种文化和习惯。减少瑕疵与不良。清洁的可以美化环境与氛围，提高资源利用率及增加产出，使自己、客户、投资者及社会从中获利。清洁提升的是审美力。常用的工具和方法有：

（a）雷达法　扫描权责范围内的一切漏洞和异端。

（b）矩阵推移法　由点到面逐一推进。

（c）荣誉法　将美誉与名声结合起来，以名声决定执行组织或个人的声望与收入。

e. 素养（Shitsuke）

素——素质，养——教养。工作重点：建立良好的价值观与道德规范。素养提升的是核心竞争力。通过平凡的细节优化和持续的教导和培训，建立良好的工作与生活氛围，优化个人素质与教养。常用工具和方法有：

（a）流程再造　执行不到位不是人的问题，是流程的问题，流程再造为解决这一问题。

（b）模式图　建立一套完整的模式图来支持流程再造的有效执行。

（c）教练法　通过摄像头式的监督模式和教练一样的训练使一切别扭的要求变成真正的习惯。

（d）疏导法　像治理黄河一样，对严重影响素养的因素进行疏导。

②5S活动常用手法

a. 定点照相　所谓定点照相，就是对同一地点，面对同一方向，进行持续性的照相，其目的就是把现场不合理现象，包括作业、设备、流程与工作方法予以定点拍摄，并且进行连续性改善的一种手法。

b. 红单作战　使用红牌子，使工作人员都能一目了然地知道工厂的缺点在哪里的整理方式，而贴红单的对象，包括库存、机器、设备及空间，使各级主管都能一眼看出什麽东西是必需品，什么东西是多余的。

c. 看板作战（Visible Management）　使工作现场人员，都能一眼就知道何处有什麽东西，有多少，同时亦可将整体管理的内容、流程以及订货、交货日程与工作排程，制作成看板，使工作人员易于了解，以进行必要的作业。

d. 颜色管理（Color Management Method）　颜色管理就是运用工作者对色彩的分辨能力

和特有的联想力,将复杂的管理问题,简化成不同色彩,区分不同的程度,以直觉与目视的方法,以呈现问题的本质和问题改善的情况,使每一个人对问题有相同的认识和了解。

③5S 活动举例(生产现场的 5S 管理)

生产现场是 5S 管理的难点和重点,但只要我们深入理解 5S 的要素内涵,并按生产实际编制成区域的 5S 管理标准,在现场严格实施,确保坚持和持续改进,我们就一定能够做好班组的现场 5S 管理。现场可以按区域或作业分工编制 5S 标准,用于指导 5S 管理。表4-7所示为船舶机舱区 5S 管理的标准。

表4-7　机舱区域 5S 管理标准

序号	内容	要求
（一）整理		
1.1	及时处理要与不要的东西	• 每天对机舱内等待安装的各类管子、阀件、设备、基座、马脚、支架等物品分类定点摆放。 • 废料、余料、错领、错送的材料和设备要分类处理,丢弃或者运送至物资部指定的回收地点,至少每周处理一次。
1.2	易燃品及危险品定点放置	• 润滑油、清洁剂、沾油的抹布定点放置,远离明火作业的区域
（二）整顿		
2.1	明确责任人	• 每层机舱甲板要有明确的区域 5s 管理责任人,并在明显位置标示责任人姓名和所管辖区域。
2.2	安全通道畅通	• 机舱区域的安全通道要有明显标识,无任何管子、电缆、设备、工具等物品阻塞。
2.3	固定明火作业地点	• 每层机舱甲板在宽阔区域设置明火作业点,并有明显标识。 • 灭火器放置在明火作业点触手可及的部位。
（三）清扫		
3.1	每人清理自己的工作范围（每天至少两次）	• 电焊工作业后要及时清扫焊头、焊渣等。 • 电工作业后要及时清理多余电缆、电线、打包带等。 • 铜工作业后要及时清理剩余螺丝、螺帽、垫片等。 • 钳工作业后要及时清理
3.2	垃圾的处理	• 各机舱甲板定点放置垃圾斗,至少每周清理一次。 • 吊下船的垃圾按可回收利用与不可回收利用的区分进行分类处理。
3.3	公共区域的清扫	• 各层甲板面等公共区域由区域负责任安排轮流清扫,每天进行一次。
（四）清洁		
4.1	设备的清洁	• 设备基座下、拦水扁铁中无杂物、垃圾、污水、污油等 • 设备安装调试结束后要擦拭干净、表面无灰尘、油污。
4.2	节省能源	• 节约用电、用气,中午吃饭和下午下班要关闭气源。
4.3	对上述 3S 执行情况不断督促检查	• 发现问题及时提出。 • 作业长和班组长每天对执行情况进行检查。

表 4 - 7(续)

序号	内容	要求
(五)素养		
5.1	守纪律	• 遵守作息时间,不提前下船、推迟上船,不无故缺席。
5.2	无浪费	• 螺丝、螺帽、电缆等材料按需领用,多余材料当天带下船,并妥善保管。
5.3	重安全	• 在现场穿戴安全帽、手套、工作鞋、安全带等劳防用品。 • 严格按照操作规程施工。 • 高空作业佩带安全带。 • 明火作业要填写申请单。
5.4	爱设备	• 船上的重要设备要注意安装及调试前后的保护。用三防布、塑料薄膜完整覆盖、包裹,禁止踩踏、撞击、表面堆物。
5.5	防偷盗	• 设备的附件、铜质阀件等要严加保管,专人监护并定点巡查。

3. 安全检查

每个公司虽然制订了一定的标准,采取了一定的措施,但实际施工中还是会出现一些违反规定的事件。因此,只有通过定期检查和巡检,使施工现场经常处于安全标准要求的状态,才能具备安全生产的充分条件。具体检查方法如下:

(1)制订安全检查项目和计划,项目的重要性与检查的次数要成正比。

(2)安全检查时必须明确各个检查人员所分担的责任。

(3)安全检查应先造册再对册检查,检查后填写结论并签名。

4.3.3.4 设置安全栏杆和安全装置

设置安全栏杆和安全装置是应对危险设备和环境以防发生意外的最好办法。在作业越来越简单化、机械化和自动化的同时,机械本身的安全装置必须完善化,最好采取自动控制装置遥控操作。目前在下列位置建议设置安全栏杆和安全装置,以防发生意外:

(1)动力机械周围设置安全栏杆;

(2)脚手架上下通道设置扶手;

(3)安全通道两侧设置安全栏杆;

(4)船上开口部位设置安全栏杆;

(5)高空作业设置安全网;

(6)起重机应设有刹车;

(7)乙炔发生装置应装有安全器;

(8)某些施工区域应装有电击预防装置。

5. 其他降低安全事故发生率的措施:

(1)辅助工作制度化

以前,脚手架搭设和吊环的布置是根据现场施工条件工人自己临时制订的,现在事先由技术员设计,然后按照计划进行作业,由专业人员检查后再使用,可以防止事故的发生。

(2)减少船台作业量

利用总段大型化、平地化,开展分段、总段预舾装,使船台作业前移,化高空作业为平地作业,进一步降低事故发生风险。

(3)脚手架的标准化、模块化

推行脚手架的标准化、模块化,以专用脚手代替普通脚手,甚至设计机械装置代替脚手,以防止高空坠落事故。

(4)改进搬运设备和施工工艺

采取遥控电磁吊、与搬运接点的运输装置、无需翻身的装配工艺和焊接工艺等,进一步减少危险的起重作业,带来搬运安全化。

(5)设计阶段安全性的考虑

今后所有的作业在设计时能进行虚拟演示,以寻求最合理的作业流程和作业安全。

参 考 文 献

[1]王勇毅.船体建造工艺学[M].北京:人民交通出版社,1988.

[2]应长春.船舶工艺技术[M].上海:上海交通大学出版社,2012.

[3]日本造船学会.钢船建造法[M].陈叔刚,译.北京:国防工业出版社,1988.

[4]施克非.船体装配工[M].北京:国防工业出版社,2008.

参考文献

[1] 陈钟. 材料力学. 北京: 大学出版社, 1988.

[2] 张力. 工程力学. 上海: 工业出版社, 2012.

[3] 李明. 机械设计. 北京: 机械工业出版社, 1988.

[4] 王华. 结构分析. 北京: 建筑工业出版社, 2008.